本书获福建省哲学社会科学规划项目"制度压力、地方资政府债务融资研究"(FJ2017C024);江西省高校人文社会于媒体治理视角的地方政府债务信息披露质量研究"(GL1

中国地方政府债务融资影响因素及效应研究

——兼论地方债务管理

陈 菁 著

THE DETERMINANTS AND ECONOMIC
CONSEQUENCES OF
CHINESE LOCAL GOVERNMENTS' DEBT FINANCING
—EXTENSIONS ON LOCAL DEBT MANAGEMENT

经济管理出版社
ECONOMY & MANAGEMENT PUBLISHING HOUSE

图书在版编目（CIP）数据

中国地方政府债务融资影响因素及效应研究：兼论地方债务管理/陈菁著 . —北京：经济管理出版社，2022.10
ISBN 978 - 7 - 5096 - 8773 - 4

Ⅰ.①中… Ⅱ.①陈… Ⅲ.①地方财政—债务—融资—研究—中国 Ⅳ.①F812.7

中国版本图书馆 CIP 数据核字 (2022) 第 187549 号

组稿编辑：丁慧敏
责任编辑：吴 倩 李光萌
责任印制：黄章平
责任校对：蔡晓臻

出版发行：经济管理出版社
　　　　　（北京市海淀区北蜂窝 8 号中雅大厦 A 座 11 层　100038）
网　　址：www. E - mp. com. cn
电　　话：(010) 51915602
印　　刷：北京虎彩文化传播有限公司
经　　销：新华书店
开　　本：720mm×1000mm/16
印　　张：13.5
字　　数：184 千字
版　　次：2022 年 10 月第 1 版　　2022 年 10 月第 1 次印刷
书　　号：ISBN 978 - 7 - 5096 - 8773 - 4
定　　价：88.00 元

前　言

党的十九大及中央经济工作会议都将防范化解重大风险放在决胜全面建成小康社会三大攻坚战之首，有效控制地方政府债务风险则是化解重大风险的内在要求之一。2008年国际金融危机爆发后，中国政府为稳定经济，紧急推出"四万亿投资计划"来刺激经济增长，其中大约2.8万亿元由地方政府负责筹集。由此，地方政府债务大幅攀升，随之地方政府融资平台也如雨后春笋般发展壮大起来。

面对地方债务问题，党的十八届三中全会通过的《中共中央关于全面深化改革若干重大问题的决定》明确提出，建立透明规范的城市建设投融资机制，允许地方政府通过发债等多种方式拓宽城市建设融资渠道，并强调了建立规范合理的中央和地方政府债务管理及风险预警机制的重要性。2014年《中华人民共和国预算法》修订，修订后的《中华人民共和国预算法》规定，经国务院批准的省、自治区、直辖市的预算中必需的建设投资的部分资金，可以在国务院确定的限额内，通过发行地方政府债券举借债务的方式筹措。2014年，国务院发布《关于加强地方政府性债务管理的意见》（国发〔2014〕43号），要求加快建立规范的地方政府举债融资机制，加强地方政府或有债务监管，并推广使用政府与社会资本合作模式。此外，2014年发布的《国务院关于深化预算管理制度改革的决定》

（国发〔2014〕45 号）也专门针对地方政府债务制定了相应的预算管理办法。2015 年，《关于对地方政府债务实行限额管理的实施意见》（财预〔2015〕225 号）正式开启了地方政府债务管理的新篇章。与此同时，要求学术界加快研究地方政府债务融资问题的呼声也愈加强烈。

本书适时研究地方政府的债务融资问题，聚焦地方债务增长的驱动因素及经济后果，并针对地方政府债务治理提出了一系列有价值的政策建议，包括政府职能转换、深化财政分权改革、地方政府债券的制度设计、地方债务风险预警机制、地方政府信用评级机制、政府会计改革、政府综合财务报告制度以及地方政府债务融资的问责机制等，兼具理论与实践的双重意义。

目　录

第一章 导 论

本章首先介绍了本书的选题背景，其次探讨了选题的研究意义，最后说明了本书的研究方法及内容框架，并强调了本书的创新与不足。

第一节 选题背景

随着城市化及工业化进程的加快，地方政府的债务融资需求有所增长。分税制改革之后，对地方财权与事权的不合理划分导致地方政府收支缺口大增，财政压力空前，进一步助长了地方政府的举债行为。在这些因素的交织作用下，中国地方政府表现出强烈的债务融资需求。中国金融与资本市场低下的治理效率与过剩的流动性使地方政府的债务融资需求得以满足，造成了现今地方政府过度融资举债的现状。除外国政府贷款、国债转贷和 2009 年开始发行的地方政府债券等以规范方式形成的地方债务外，地方政府的其他大量债务基本都处于"地下"状态，具有较强的隐蔽性，这给中国地方政府债务的统计造成了障碍，各机构发布的估计结果分歧较大。毋庸置疑的是，中国当前的地方债务规模已相对庞大，如不尽快加以治理，有引发债务危机的可能。

为更好地将地方政府的隐性债务引向显性化的道路，并缓解地方政府的财政压力，我国颁布了《2009 年地方政府债券预算管理办法》，并于当年由中央财政部代理地方政府发行了两千亿元的地方政府债券，正式开启了地方政府发行债券的闸门。2011 年，财政部下发通知，允许上海市、浙江省、广东省及深圳市开展地方政府自行发债试点。2013 年，山东省和江苏省也被批准加入自行发债试点的行列。地方政府债券的发行与自行发债试点的开展标志着中国地方政府债务融资机制朝着规范化、透明化的方向迈出了坚实的一步。

在地方政府的地下债务市场中，地方政府融资平台已成为重要的举债主体。受 2008 年末"四万亿"经济刺激计划和原银监会 2009 年文件《关于进一步加强信贷结构调整促进国民经济平稳较快发展的指导意见》（银发〔2009〕92 号）的影响，地方政府融资平台呈现"井喷"之势，负债规模也随之猛涨。根据《2010 中国区域金融运行报告》，截至 2010 年末，全国共有地方政府融资平台 1 万余家，较 2008 年末增长 25% 以上。中华人民共和国审计署（以下简称审计署）2013 年 24 号审计公告显示，2012 年融资平台债务较 2010 年增长 22.50%，其占 2012 年底地方政府性债务余额的比重排名第一，高达 45.67%，且超出居于第二位的地方政府部门和机构债务近半。面对地方政府融资平台的泛滥，国务院于 2010 年发布《国务院关于加强地方政府融资平台公司管理有关问题的通知》（国发〔2010〕19 号），要求清理地方政府融资平台，加强对融资平台及银行业等金融机构的信贷管理，并制止地方政府的违规担保承诺行为。这一文件为中国地方政府融资平台的治理提供了指导意见与制度性安排，进一步规范了中国地方政府的债务管理制度。

虽然中央政府采取了一系列措施来治理地方债务问题，但是中国地方债务制度建设均是以针对某一类问题的文件形式出现，是一种就事论事、条块分割的管理体系，缺乏对地方债务的系统性管理。这就导致这些文件对中国的地方债务问题而言效果并不显著，地方政府的债务规模仍保持上升趋势，地方债务风险也没能得到有效控制。

近年来，世界上许多国家都出现了债务危机，从亚洲金融风暴到美国次贷危机，再到欧债危机，众多国家都陷入了难以自拔的债务困境。如果中国的地方债务问题不及时解决好，一旦地方政府资金链断裂，大量的风险将影响金融业、中央政府、宏观经济乃至整个社会层面，可能引发全国性的债务危机，后果将不堪设想。

正因如此，社会各界对地方债务问题的关注度越来越高。党的十八届三中全会通过的《中共中央关于全面深化改革若干重大问题的决定》明确提出，需建立透明规范的城市建设投融资机制，允许地方政府通过发债等多种方式拓宽城市建设融资渠道，并强调了建立规范合理的中央和地方政府债务管理及风险预警机制的重要性。2014 年《中华人民共和国预算法》修订，修订后的《中华人民共和国预算法》规定，经国务院批准的省、自治区、直辖市的预算中必需的建设投资的部分资金，可以在国务院确定的限额内，通过发行地方政府债券举借债务的方式筹措。2014 年，国务院发布《关于加强地方政府性债务管理的意见》（国发〔2014〕43 号），要求加快建立规范的地方政府举债融资机制，加强地方或有债务监管，并推广使用政府与社会资本合作模式。此外，2014 年发布的《国务院关于深化预算管理制度改革的决定》（国发〔2014〕45 号）也专门针对地方政府债务制定了相应的预算管理办法。2015 年，《关于对地方政府债务实行限额管理的实施意见》（财预〔2015〕225 号）正式开启了地方政府债务管理的新篇章。与此同时，要求学术界加快研究地方政府债务融资问题的呼声也愈加强烈。

第二节　研究意义

如今地方政府债务融资机制正处在建设的前期阶段，这也是对相关知识存量进行储备、总结与创新的重要阶段。本书适时研究地方政府的债务融资问题，兼具理论与实践的双重意义。

一、理论意义

本书应用会计学、经济学、财政学、公共管理学等学科知识，对地方政府债务融资问题进行了系统性的深入研究，有助于丰富地方政府债务研究的理论体系与框架。本书的研究内容并不仅局限于地方政府的债务风险，既借鉴经济学的供求分析框架探讨了影响地方政府债务融资行为的各种因素，又从正、反两个方面分析了地方政府举债的经济效益，在一定程度上弥补了现有研究中研究问题单一这一缺陷。

二、实践意义

在中国特殊的制度环境下，《中华人民共和国预算法》修改之前地方债务的形成过程存在一定的不规范性，举债行为相对隐蔽，也正因为如此，我国于2014年修订了《中华人民共和国预算法》，正式赋予了地方政府合法的举债权。中华人民共和国审计署虽然对地方政府债务状况进行了审计，但其公布的审计结果与外部机构的估算结果差距较大，存在一定的争议性。本书对地方债务规模、类型、融资模式、资金用途及存在的问题等方面的分析有助于相关部门更好地把握地方负债情况，对可能引发的风险进行更加准确的预测与控制。

中国地方政府的过度融资举债行为暗示着地方政府的举债观存在一定偏差。在中国特有的体制下，很多地方政府出于自身利益的考虑，忽视地方财政的承受能力，过度举债融资。这种盲目的举债观对中央和地方政府的正常运转及经济、社会的可持续发展都带来了不可忽视的隐患。本书对地方政府债务融资的相关效应进行分析，希望能够引导各级地方政府树立正确的举债观，在财政存在缺口的情况下适度而合理地举债。

如何治理地方政府债务融资已成为我国政府亟待解决的重要问题。本书针对地方政府债务融资的治理提出了一系列有价值的政策建议，包括政府职能转换、深化财政分权改革、地方政府债券的制度设计、地方债务风险预警机制、地方政府信用评级机制、政府会计改革、政府综合财务报告制度以及地方政府债务管理问责机制，对中国地方债务融资的治理与规范具有良好的实践意义。

第三节 研究方法与研究内容

一、研究方法

本书在研究方法上注重将规范分析与实证分析相结合以及多学科综合方法的应用。

（一）规范分析与实证分析相结合

本书采用规范研究中的归纳法对国内外相关文献进行了归纳与总结，指出了中国现有研究的不足，归纳分析了中国地方政府债务融资的历史、现状以及存在的种种问题，并在此基础上采用演绎法分析了地方政府债务融资的影响因素以及相关经济效应。除规范分析之外，本书还应用实证研究方法对地方政府债务融资的影响因素及相关效应进行了实证检验，为规范研究提供了可靠的经验证据。

（二）多学科综合方法的应用

由于我国地方政府债务问题复杂性突出，涉及面颇广，本书力图从经济学、财政学、会计学、公共管理学等多学科的视角出发，打破会计学研究的单一性，从多维度视角来观察、剖析地方政府的债务融资行为。

二、研究内容

本书在分析我国地方政府债务融资现状的基础上，深入探析了影响地方举借行为的各种制度性因素，并探讨了地方政府债务融资的相关经济效应，还利用城投债数据通过实证研究方法为理论推导的结论提供了可靠的经验证据。最后，本书在研究结论的基础上对地方政府债务融资的治理提出了一系列有价值的政策建议。

第一章"导论"。本章首先介绍了本书的选题背景，其次强调了选题的研究意义，最后说明了本书的研究方法及内容框架，并强调了本书的创新与不足。

第二章"地方政府债务融资的基本概念、理论基础与研究综述"。本章首先界定了地方政府债务融资的范畴与基本概念，其次探讨了地方政府债务融资的理论基础，最后总结了国内外关于地方政府债务融资研究的现状、成果与不足。

第三章"地方政府债务融资的现状分析"。本章首先从债务融资模式、债务规模、债务结构以及债务风险角度分析了中国地方政府债务融资的总体状况，其次总结了中国地方政府债务融资的演变过程，最后介绍了中国城投债的发行现状。

第四章"地方政府债务融资的影响因素分析"。本章首先采用经济学的供求分析框架探讨了影响中国地方政府债务融资行为的各种因素。其次利用城投债数据，采用实证研究方法验证了这些因素对地方政府债务规模的影响。

第五章"地方政府债务融资的经济效应分析"。本章从经济增长的角度出发，通过理论分析与实证探索相结合的方式来探析中国地方政府债务融资的经济效应，主要探讨了地方政府债务融资对中国经济增长的双重影响。

第六章"地方政府债务管理的国际经验"。本章主要归纳并总结了国外地方政府债务管理的概况，重点介绍了美国、巴西及法国三国的地方政府债务管理经验与教训，以期为中国地方政府债务融资的治理与规范提供借鉴与参考。

第七章"地方政府债务融资的治理"。本章在研究结论的基础上，结合中国国情，从政府职能转换、财政分权改革、地方政府债券的制度设计、地方政府债务风险预警机制、地方政府信用评级机制、政府会计改革、政府综合财务报告制度以及地方政府债务管理的问责机制这几个方面提出了治理地方政府债务融资的政策建议。

第四节　可能的创新与不足

一、主要创新点

本书聚焦地方政府的债务融资行为，试图丰富地方债务研究的理论体系与研究方式。

（一）方法创新

除常用的规范研究方法之外，本书还采用实证研究方法对规范研究的结论进行检验，大大提高了本书研究结论的可信度。在现有的地方政府债务融资研究中，定量的实证研究寥寥无几，有些文章虽冠以实证之名，但只是对数据的简单归纳与总结，而并非真正意义上的实证研究。本书以城投债为切入点，创新式地采用城投债数据对本书的理论分析进行实证检验，在一定程度上弥补了现有研究的缺陷。跨学科研究方法的应用也是本书的一个创新点,现有研究往往从单学科的视角出发来考察地方政府的债务融资,跨学科的视角并不多见。

(二)理论创新

现有关于地方政府债务融资的研究更多关注的是这种行为背后的制度原因及可能引发的相关风险,本成果突破了这一局限,创新式地将经济增长理论应用到地方政府债务融资领域,系统地分析了地方政府债务融资可能对中国经济增长造成的影响,大大丰富了地方政府债务融资的理论体系。

二、研究的不足

本书的不足之处主要包括以下两个方面:

(一)数据问题

我国暂无对各地方政府总体债务规模的统一口径统计数据,而占地方政府债务规模比重最大的融资平台债务数据也并不完整且难以获得。目前,能从公开、可靠渠道获取的地方政府债务数据只有地方政府债券和城投债数据。然而,地方政府债券数据的时间跨度过短,难以进行实证研究。因此,本书以城投债为切入点,利用各省级地方政府的城投债数据实证观测地方政府的债务融资行为,但是这样的做法也存在一定的局限性。虽然作为地方政府负债的一个重要组成部分,城投债能在一定程度上代表地方政府债务,但严格来说,本书的实证研究结论只适用于城投债,推广至地方政府债务可能引发一定争议。

(二)实践问题

对地方政府债务融资的治理与规范是一个庞大的系统工程,需要多方改革的支持。由于笔者的专业限制,本书的政策建议主要是从政府会计与公共部门财务管理的角度提出,可能缺乏一定的完整性。

第二章 地方政府债务融资的基本概念、理论基础与研究综述

本章首先界定了地方政府债务融资的范畴与基本概念，其次探讨了研究地方政府债务融资的理论基础，最后总结了国内外关于地方政府债务融资研究的现状、成果与不足之处。

第一节 地方政府债务融资的基本概念

一、地方政府

在我国特殊的体制下，中央政府以下的地域性政府都属于地方政府。《中华人民共和国宪法》规定，国务院即中央人民政府，是最高国家行政机关；地方各级人民政府是地方各级人民代表大会的执行机关，是地方各级国家行政机关。依据《中华人民共和国宪法》精神，我国地方各级人民政府负责本辖区内的各项行政事务，并对本级人民代表大会和上级国家行政机关负责，服从国务院的统一

领导。可见，在中国，地方政府指的是中央政府为治理国家一部分地域而依法设置的行政单位，与上级政府及中央政府之间存在上下从属关系（刘立峰，2011）。

我国地方政府共分为四个层级：第一级是省、自治区、直辖市；第二级是地区、地级市、盟或州；第三级是县、县级市、旗；第四级是乡、镇。截至2009年底，中国共有31个省级地方政府，333个市级地方政府，2858个县级地方政府及40858个乡镇级地方政府。因此，我国地方政府是由不同层级、不同类型的地方政府构成的一个庞大网络体系。

二、地方政府融资

我国大部分学者认为地方政府融资指的是地方政府为实现经济和社会发展目标，通过财政、金融等渠道筹措建设资金的行为、过程和活动。地方政府的资金来源多种多样，按照融资的基本性质不同，地方政府融资可分为财政拨款、债务融资、资产融资及权益性融资四类。其中，财政拨款包括地方本级的预算拨款以及来自上级政府的转移支付资金；债务融资主要包括地方政府贷款收入、地方政府债券收入、政府性融资平台的贷款和债券收入等；资产融资即地方政府利用公共资产与资源进行的融资活动；权益性融资是指地方政府通过融资平台公司在资本市场上利用股票发行或企业自筹资金的形式进行公司性的权益融资（刘立峰，2011）。

三、地方政府债务融资

地方政府债务融资是地方政府融资的方式之一。在中国特有的制度环境下，债务融资已逐渐发展成为地方政府主要的融资方式。参考地方政府融资的定义，本书将地方政府债务融资界定为地方政府为实现经济增长和社会发展等目标，通过贷款、债券发行等举借债务的方式来筹措资金的行为、过程和活动。值得强调的是，本书研究的是地方政府基于各种因素而产生的主动举债行为，因此，由于各种历史原因等导致的被动负债，如养老金缺口等，并不在本书的研究范围。

按照融资方式的不同，地方政府债务融资大致可分为贷款和债券发行。根据举借主体的不同，贷款融资又可细分为中央转贷给地方的外国政府或国际金融组织贷款和地方政府融资平台贷款；债券发行也可细分为以地方政府为举借主体的国债转贷资金及地方政府债券和以地方政府融资平台为举债主体的城投债。

四、地方政府债务

与地方政府债务融资相关的另一重要概念是地方政府债务，也常被称为地方债务。地方政府债务指的是地方各级政府（省、市、县、乡四级）作为债务人须按法定条件和协议约定，向债权人承担的资金偿付义务（《中国地方债务管理研究》课题组，2011）。地方政府债务与中央政府债务共同构成了政府债务。

地方政府债务有多种不同的分类方式。财政部将地方政府债务按照性质的不同分为政府负有直接偿还责任的显性债务、政府负有担保责任的显性或有债务以及政府负有兜底责任的隐性或有债务。根据汉娜的财政风险矩阵，地方政府债务又可分为显性的直接债务、隐性的直接债务、显性的或有债务以及隐性的或有债务四大类。然而，无论是财政部的分类还是基于汉娜财政风险矩阵的分类反映的都是地方债务的基本类型，只是就债务论债务，未将债务与用以清偿债务的资源及债务资金的使用效率联系起来，因此，这些分类方法并不能真实反映出地方政府的债务风险。为克服这一弊端，《中国地方债务管理研究》课题组根据公平和经济效率原则对我国的地方政府债务进行了更加科学合理的分类，如表 2-1 所示。首先，将地方政府债务分为资本性债务与经常性债务，它们分别是用于地方政府资本性支出与经常性支出的债务。其次，资本性债务又可根据用途的不同分为公益性债务与非公益性债务。其中，公益性债务是指用于公共市场（纯公共产品、公共资源和自然垄断物品的市场）的债务；非公益性债务是指用于非公共市场（纯私人产品的市场）的债务。最后，公益性债务还可根据偿付方式的不同细分为自足型债务与非自足型债务。自足型债务一般可由其自身收益来支付相关债务支出，而非自足型债务一般无法通过市场行为获得足以支付其支出的收益。

表 2-1　中国地方政府债务分类

资本性债务			经常性债务
公益性债务		非公益性债务	维持公共经济正常运转或保障人民基本生活所必需的支出
自足型债务	非自足型债务	用于购置或者维护私人市场经济中使用期限一年以上的固定资产的支出	
用于购置或者维护公共经济中使用期限一年以上可以自足型的固定资产的支出	用于购置或者维护公共经济中使用期限一年以上不能自足型的固定资产的支出		

资料来源：《中国地方债务管理研究》课题组．公共财政研究报告——中国地方债务管理研究［M］．北京：中国财政经济出版社，2011．

第二节　地方政府债务融资的理论基础

地方政府债务融资是地方政府投融资的一个重要组成部分，公共投融资理论为地方政府债务融资存在的必要性提供了合理解释，并为债务融资的应用给予了重要指导。公债理论虽以国债作为研究对象，但其研究成果也可在一定程度上适用于地方政府债务。对地方政府债务融资问题的治理与规范，则需要以政府职能理论与政府会计理论作为理论基础。

一、公共投融资理论

公共投融资的主要目标在于保证市场效率与公平，其理论对于公共融资方式与公共投资领域的选择具有重要的指导意义。在地方政府的多种公共融资形式中，债务融资的存在有合理性与必要性吗？在众多公共融资方式中进行选择的依据是怎样的？哪些领域的公共投资适合采用举债这一融资方式？公共投融资理论便为上述问题的回答提供了理论依据。

（一）地方政府债务融资的必要性

地方政府之所以进行债务融资，根源就在于地方政府职能的内在需要，也是遵循受益原则以及实现代际公平的需要。

第一，履行地方政府职能的需要。根据公共产品理论，按照受益范围的不同，公共产品可分为全国性公共产品和地方性公共产品。其中，全国性的公共产品主要是由中央政府提供，而地方政府由于天然的信息优势更加了解辖区居民对地方性公共产品的需求，因此承担了提供地方性公共产品与服务的职责。在市场经济条件下，提供公共产品，满足地方居民需求成为地方政府重要的职能之一。为履行这一职责，地方政府必须要以一定的财力作为保障。然而，地方道路、供电、供水、供气、垃圾与污水处理等地方性公共产品的耗资巨大，即使是财政体制较完善的发达市场经济国家的地方政府单靠本级财力与上级转移支付也难以满足，这就要求地方政府拓展诸如债务融资等市场化融资渠道。

第二，遵循受益原则的需要。地方政府在为当地居民提供他们所偏好的地方性公共产品时，必须遵循受益原则来提高资源的有效配置效率。受益原则的中心含义在于"受益者付费"，具体包括三重含义，即人际受益原则、辖区受益原则以及时期受益原则。其中，时期受益原则指的是按照受益的不同时期来分担地方性公共产品的成本。时期受益原则是确定财政资金合理来源时必须要考虑的关键因素之一，为地方政府的债务融资提供了基本理论依据。根据时期受益原则，公共产品的成本应由整个受益期内的人们共同分担，受益期的长短极大地影响着公共产品成本的分担方式。对于资本性项目而言，其受益期可递延到未来的许多年度，甚至可长达数十年，因此，提供该类产品的成本也应由各期受益的人们分别承担，这就要求一种能够将成本负担向后递延的分担方式。地方政府的债务融资恰好满足了这一要求，只要债务融资的偿债期限与受益期限基本一致，成本与收益就可以在时间和人群分布上达到近似的一致。

第三，实现代际公平的需要。代际公平的基本思想是当代人无权通过牺牲后代人的资源和权力来增加自身福利。公共资本性支出项目往往投资规模大、受益期长，如果单纯通过税收等形式来融资，即会出现"前人栽树，后人乘凉"的不公平现象。为避免代际不公平的情况发生，地方政府可通过举债形式来进行公共投融资，并将所融债务资金应用于资本性项目。李嘉图等价定理进一步支持了地方政府债务融资有利于代际公平这一论点。李嘉图等价定理认为征税和借债在逻辑上是等同的，这两种方式仅是对税收时间的重新安排，政府的任何借贷都意味着将来的偿还义务，即未来税收将会增加。也就是说，地方政府的债务融资相当于用未来的税收来负担后代人可受益的资本性项目。

（二）公共融资方式的选择

债务融资只是众多公共融资方式中的一种，相比其他融资渠道，债务融资有其固有的特征。首先，在债务融资模式中，债权人并不直接参与项目的实施与经营，由于债权所具备的优先赔偿权，地方政府所面临的风险可能更大，但相应的融资成本也可能更低，因此，对地方政府而言，当项目的确定性程度较大时，将更倾向于采用债务融资形式。其次，在债务融资形式下，地方政府并未放弃对提供公共产品与服务的控制权，地方政府对项目监管的难度相对更低，因此，垄断性定价较为隐蔽、不易监管的行业相对更适合采用债务融资模式。再次，在债务融资中，地方政府对项目拥有绝对的支配权，项目外部利益相关方缺乏提高项目营运效率的动机，因此，对于设计、建设、营运较为复杂的项目相对更不适宜采用债务融资。最后，外部资本的引入无疑会对地方政府形成监管压力，可在一定程度上提高当地居民与上级政府对地方政府的预算约束强度。在债务融资模式下，一般不存在私人资本与地方政府进行合谋的情况，有助于强化对地方政府的预算约束力度。

在债务融资模式下，主要有银行借贷与市政债券两种举债手段。在这两种举债方式中进行选择时，市场约束力、进入门槛、融资成本以及灵活性等都是需要考虑的关键因素。相对于银行贷款，市政债券对地方政府的约束力度更强，其对地方政府的监督包括了从债券发行到资金使用以及偿还的方方面面，并且还可通过债券在二级市场中的交易价格来反映地方政府财政状况、信用等级以及偿债能力等的变化。市政债券这种优势的发挥在很大程度上取决于地方政府的财力。一般而言，财力高的地方政府资本投入更大，因此更加珍惜在市政债券市场中以较低成本进行融资的机会，从而会对市场发出的信号更加敏感。债券融资要求地方政府具有较高的信息披露水平和财务管理能力，进入门槛相对更高，规模较小的低层级地方政府可能难以发行市政债券。在融资成本上，发行市政债券所涉及的固定成本相对更高，包括审批成本、信息披露成本、信用评级成本等，因此市政债券更加适合规模大、期限长的项目融资。此外，债券融资的灵活性偏低，除资金应用上的灵活性不足外，债券融资模式下投资者众多且分散，提高了债务重组的难度，因此对债务重组预期较低的地方政府更倾向于采用债券融资。

（三）债务资金应用领域的选择

根据福利经济学理论，地方政府所融得的债务资金首先应该应用于市场失灵的非竞争性领域，以矫正市场效率损失。Musgrave（1959）提出，政府的主要职能包括提高资源配置效率、稳定经济和促进收入分配三个方面。在这三大职能中，地方政府更多的是承担资源配置职能。为履行这一职能，地方政府应将债务资金用于具有地方性的准公共服务的提供和具有经济规模效应、易产生市场垄断的产品的提供。根据"黄金准则"，仅将债务资金的应用领域局限于地方政府的资源配置职能是不够的，还应将其限制在地方政府的资本性支出领域，以实现代际公平。地方政府的资本性支出项目又可分为经营性与非经营性两类。非经营性的资本性支出往往不具有项目自身收益，与之对应的经营性支出领域则往往是具有规模经济效应的行业，容易形成自然垄断，以基础设施建设项目为典型代表。

与非经营性领域的项目相比，地方政府的债务资金更适宜用于经营性项目，在良好运作的前提下，引入债务资本用于建设经营性项目可在一定程度上提高市场效率，并降低项目风险。

二、公债理论

西方公债理论在很大程度上都是围绕着公债对经济发展的利弊而展开的，目前已有两百多年的历史，经历了多个阶段的演变与发展。虽然严格来说西方公债理论的研究对象并非地方政府债务，但其对地方债务研究的指导与借鉴意义不言而喻。

（一）古典经济学派的公债理论

古典经济学派以亚当·斯密为代表人物，该学派总体上对公债持否定态度。亚当·斯密认为公债是非生产性的，会阻碍生产力的发展，并会加重人民的税收负担，甚至还可能引发一个国家的债务危机。因此，亚当·斯密曾发出"一切举债国都将趋于衰弱"的警告。大卫·李嘉图虽然指出举债和征税的效果是等同的，但他依然强调了举债所带来的风险，认为举债鼓励了奢侈浪费，使人们不知节俭。英国经济学家大卫·休谟指出，政府举债将造成价格上升，抑制工业发展，大大增加劳动者负担，并可能使一国成为他国附庸。

（二）凯恩斯学派的公债理论

凯恩斯认为，举债支出虽然浪费，但政府债务的正面效应将超过其所带来的风险，最终将有利于社会财富的增长。以凯恩斯主义为基础，美国经济学家勒纳提出了功能财政思想，认为财政政策的制定不应拘泥于预算的平衡与否，而应着眼于整个经济体系的发展。早期的凯恩斯学派侧重于短期的流量分析，过分强调了政府债务对经济发展的促进作用，为各国大量举债提供了理论依据。在后期，凯恩斯学派将分析方法从短期转向了长期，认为公债在短期内是有益的，但从长期来看，公债融资对私人资本形成了挤出效应，对经济发展不利。

（三）理性预期学派的公债理论

该学派的代表人物巴罗发展了李嘉图等价定理，他假定消费者具有一种"利他主义"的遗产动机，认为即使消费者在政府未来为弥补当前税收削减而增加税收之前就已经去世，李嘉图等价定理仍然成立。总的来说，该学派从"理性预期"与"市场连续出清"这两个基本假设出发，复活了李嘉图等价定理，试图从根本上证明财政政策的无效性。这一学派的主要公债思想为公债是中性的，在短期内无利，在长期内无害。因此，该学派推崇市场机制的自发调节作用，反对国家运用公债来调控经济的运行。

（四）新凯恩斯学派的公债理论

新凯恩斯学派在坚持原凯恩斯主义的"非市场出清"假定的基础上，发展了代际交叠模型，并以该模型为基础探讨了公债的长期经济效应。新凯恩斯主义修正了原凯恩斯主义关于公债在长期内有害的观点，认为从长期来看，公债在出现动态无效率的情况下能促进社会福利的增加。

三、财政分权理论

财政分权以赋予地方政府一定的自主权为核心思想，指的是中央政府允许地方政府拥有一定的税收权和支出责任范围，并赋予地方政府自主决定其预算支出规模与结构的权利。新古典经济学理论无法解释一个国家为什么会出现地方政府，财政分权理论恰好弥补了这一缺陷，为地方政府存在的合理性与必要性提供了理论解释。

（一）传统财政分权理论

传统分权理论主要研究财政分权的原因，以蒂布特（Tiebout）的"用脚投票"理论、马斯格雷夫（Musgrave）的分税制思想、奥茨（Oates）的分权定理、特里西（Tresch）的偏好误差理论等为代表。概括地说，传统分权理论认为，不同地区居民对公共产品的偏好存在明显差异，地方政府更接近所管辖区的公众，因此比中央政府更加了解辖区居民的效用与偏好。也就是说，由地方政府来负责提供地方性公共产品将比由中央政府统一提供更有效率，也更能促进社会福利的增加。同时，居民也可以通过在社区间的自由流动来选择使自身效用最大化的地方政府，这种地区间的竞争也有利于资源的优化配置。因此，地方政府的存在是为了实现资源更加有效的配置，使纳税人对公共产品的偏好得到更好的满足，进而实现经济效率的提高与社会福利的最大化。分税制思想也是传统财政分权理论的一个重要内容，它指的是中央政府与地方政府之间的分权可以通过税种在各级政府间的分配而固定下来，也被称为财政联邦主义。

（二）第二代财政分权理论

第二代财政分权理论在其分析框架中引入了激励相容与机制设计学说，弥补了传统财政分权理论没有充分说明分权机制的不足，试图设计出一套能够有效实现官员与地方居民福利之间激励相容的政府结构。第二代财政分权理论反对传统的政府模型假设，认为无论是政府还是政府官员，都有着自身的物质利益，在缺乏约束的情况下就极可能出现寻租行为，因此，需要构造一个好的政府结构来为市场效率的维护提供支持。对财政联邦主义可持续性的研究也是第二代财政分权理论的一个重要方面。钱颖一（2003）指出，保证联邦主义政策的可持续性是有效维护市场机制的重要前提条件，而要保证这种持续性则需要有相应的机制来激励政府官员严格遵守联邦主义规则。

（三）财政分权理论的新发展

随着分权趋势的盛行，学术界对财政分权理论的研究逐渐超出了财政领域，延伸到社会、经济的其他方面，如环境质量、经济增长、社会公平等。与本书直接相关的是我国情境下的财政分权与政府行为研究。傅勇和张晏（2007）利用1994~2004年我国省级面板数据研究了地方政府支出结构偏向的激励根源，他们发现中国式财政分权导致地方政府公共支出呈现过度重视基本建设的倾向，而忽视了人力资本投资与公共服务支出。龚锋和卢洪友（2009）运用1999~2005

年我国的数据对财政分权与地方政府支出之间的关系进行了实证检验，发现财政分权程度与地方政府基建支出过度供给指数呈正相关。也就是说，随着分权程度的提高，地方政府公共资源配置权力不断扩大，导致地方政府出现不顾居民实际需求而肆意膨胀基建支出的倾向。方红生和张军（2009）利用1994~2004年我国27个省份的面板数据研究了财政分权与地方政府财政行为之间的关系，认为中国式分权的治理模式导致地方政府出现了扩张偏向的财政行为。陈菁和李建发（2015）探讨了中国财政分权背景下的地方政府债务融资，发现中国式财政分权大大激励了地方政府的举债行为。

四、政府职能理论

政府职能，指的是根据社会需求，政府在国家和社会管理中所承担的职责和功能。政府职能理论是合理设置政府职能的理论依据，也是正确划分政府与市场边界的重要基础。政府职能理论主要有两条分支：一是西方政府职能理论，二是马克思主义政府职能理论。作为一个社会主义国家，我国在政府职能设置与履行上应用更多的是马克思主义政府职能理论。

（一）马克思主义政府职能理论

马克思主义政府职能理论是一个完整的理论体系，主要由有限论、两重论、正负作用论以及权变论等组成。有限论指的是政府职能范围是有限的，全能型政府并不可取。两重论则具体指明了政府职能的层次性，强调政府具有双重职能，分别是社会管理职能与政治统治职能。正负作用论说的是政府职能既有积极作用，又可能带来负面效应，国家权力可能对经济发展产生反作用，并引起大量人力与物质资源的浪费。权变论讨论的是政府职能的变迁，即政府职能并不是一成不变的，随着经济及社会的发展，政府职能也在不断演变之中，在不同时间有不同的侧重点。

（二）政府与市场的边界划分

改革开放以来，随着市场经济程度的不断深化，我国政府的职能也经历了多个转型期。20 世纪 70 年代末至 80 年代，我国政府职能逐步实现了从政治型政府向经济型政府转变。20 世纪 90 年代，政府职能转型的重点是从直接管理经济转向间接管理经济。进入 21 世纪，随着市场化水平的加深，人们更加意识到当前我国政府所履行的部分职能，尤其是部分基础设施建设，其实完全可以由市场来提供。因此，当前政府职能又面临着从全能型政府向有限型政府转变的需求，科学地、合理地划分政府与市场的边界是成功实现这一转型的重中之重。

张永生等（2013）设计了一个可用于界定政府和市场活动范围的理论框架（见图 2 - 1）。根据张永生等的研究，一种产品究竟是由政府还是市场来提供，主要取决于界定产权的交易费用的高低与市场规模的大小。当一种产品的市场规模大且产权界定成本低时，由市场来提供这一产品将更有效率。当一种产品的市场规模小且产权界定成本高时，则应由政府来提供这一产品。当一种产品的市场规模大且产权界定成本高或市场规模小且产权界定成本低时，则可考虑通过公私合营（PPP）的方式来提供或由政府来提供。对于目前由地方政府投资的各种基础设施及公共服务项目，可通过这一框架来界定产品属性，从而确定这一产品究竟应由市场还是政府来提供。即使是无法完全由市场来提供的项目，政府也可以适当引入私人资本，或由政府外包来提供，以减轻政府负担并提高项目的营运效率。对于一些外部性强的产品，也可通过与其他产品一起打包的方式来实现市场化，企业家在这一过程中可发挥关键作用，而并不一定要将政府作为投资与运营的主体。如此一来，政府投资规模大大缩小，相应的财政负担与举债冲动也将大大降低，政府以同样规模的投资可带动数倍的私人投资，同时私人资本的介入也有利于项目运营效率的提高。

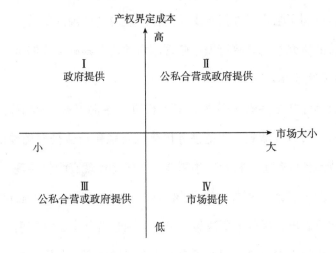

图 2 - 1 政府和市场的活动范围

资料来源：高旭东，刘勇．中国地方政府融资平台研究［M］．北京：科学出版社，2013.

五、政府会计理论

按照国际会计准则委员会（IASC）的规定，政府会计是指用于确认、计量、记录和报告政府和事业单位财务收支活动及其受托责任履行情况的会计体系。根据这一定义，对地方政府债务的会计核算与报告明显属于政府会计的范畴。

政府会计以公共受托责任为基础，应该成为社会公众了解和评价政府履行公共受托责任情况以及做出相关决策的重要信息来源（路军伟和李建发，2006）。从国际范围来看，在经济、政治、文化等因素的共同作用下，公共受托责任和政府会计表现出更加重视公共资源受托责任与对外报告受托责任的趋势（路军伟和李建发，2006）。在这一趋势的影响下，中国政府会计理论研究呈现出两个大方向：一是对引入权责发生制的研究，二是对政府财务报告制度的研究。权责发生制的引入能够拓宽政府会计的核算范围，有助于强化公共资源受托责任。建立健全政府财务报告制度，使财务报告涵盖政府的所有财务活动，并定期对外公开政府财务报告，有利于强化对外报告受托责任。政府会计理论中关于权责发生制与政府财务报告的研究对地方政府债务监管体系的建设具有重要的指导意义。

（一）权责发生制

中国政府会计学术界普遍认为，引入权责发生制是提高政府财政收支透明度、评价政府公共财务绩效、防范债务风险以及强化社会公众监督的必要途径。尤其是在防范债务风险上，权责发生制能够有效避免现有收付实现制下对地方债务藏而不露的问题，能够更加完整地揭示政府负债情况，从而强化政府负债管理，并引导政府做出正确的融资决策。虽然中国学者基本都赞同引入权责发生制是政府会计改革的必然趋势，但对于究竟应在多大程度与范围上引入权责发生制则存在不同看法。考虑到我国的具体国情，大部分学者都认同权责发生制的引入应遵循循序渐进的原则，由收付实现制向修正的收付实现制、修正的权责发生制逐步过渡，最后实现向权责发生制的转换。

（二）政府财务报告

我国现有的预算执行报告只反映年度预算收支情况，无法提供反映政府财务状况的信息，对政府债务的报告也很不充分，难以满足各方利益相关者的信息需求。理论界与实务界都普遍认为，应将中国现有的预算执行报告扩展为政府财务报告，建立健全政府财务报告体系，使财务报告囊括所有相关的政府财务活动内容，尤其是应加强对政府负债情况的反映与报告。党的十八届三中全会之后，构建以权责发生制为基础的政府综合财务报告更是被提到了党和中央的决策层面，学术界也加快了关于政府财务报告的研究。路军伟（2014）从我国制度环境与使用者的信息需求出发，提出了构建政府财务报告的制度设想，指出中央政府与地方政府的财务报告应分而构之，中央政府的财务报告应以受托责任观为基础，采用基于民主政治的价值取向型政府财务报告模式，而地方政府的财务报告应以决策有用观为基础，采用面向债券市场的功利取向型政府财务报告模式。汤林闽（2014a，2014b）研究了政府资产负债表的框架设计，给出了政府资产负债表的编制框架。还有部分学者将政府财务报告的研究与地方政府债务问题结合起来，指出政府财务报告的编制与公开能促进地方政府债务的透明化与正规化，有助于督促政府以更加有效、积极的措施来缓解地方债务风险。

第三节　国内外研究综述

一、国外研究综述

国外关于政府债务问题的研究起步较早，许多早期著名的经济学家都针对政府公债提出了自己的观点。最初，这类研究并没有区分中央政府债务与地方政府债务，而是将两者作为一个整体来展开研究。20 世纪 80 年代，地方政府债务问题才被单独划分出来，形成一个独立的研究领域。

（一）政府债务

在早期的公债理论中，经济学家大多对政府债务持反对态度。古典公债理论以亚当·斯密和大卫·李嘉图为代表，虽然两人在政府债务与税收的关系上持不同观点，但两人都不约而同地反对政府举债。亚当·斯密在《国富论》中明确指出，公债融资会消耗生产性资本，并对经济效率造成损坏，不断累积的债务规模最终将削弱国家实力。亚当·斯密还将税收融资与债务融资进行比较，得出税收融资优于债务融资的结论。大卫·李嘉图也极力反对政府举债，甚至认为公债是能够摧毁一个国家的可怕灾难之一，但在税收与债务的比较上，大卫·李嘉图认为这两种融资方式在经济本质上是等价的。

20 世纪 30 年代的经济大衰退使经济学家们将研究视角更多地放在了经济增长上，以凯恩斯为代表的新经济学派认为公债是一种重要的政策手段，对经济有益无害。简单地说，该学派认为，政府借债有助于拉动需求，缓解失业，从而可促进经济发展及国民财富的增长。随着 20 世纪 70 年代经济滞胀的发生，萨缪尔森、布坎南等经济学家开始注意政府举债的弊端，他们认为政府债务可能对私人资本产出挤出效应，并可能产生代际不公平现象。

20 世纪 90 年代，政府债务理论界提出了"隐性债务"这一概念，财务管理理论被更广泛地应用到政府债务领域。世界银行的高级经济学家汉娜提出了债务风险矩阵，对隐性债务与或有债务做了明确的定义与区分，提供了一个全面分析政府债务的框架与工具。

除理论研究外，随着实证研究方法的盛行，政府债务领域也出现了一些实证研究文献。这些文献基本上都专注于政府债务对私人部门、宏观经济等的影响。目前，关于国债与经济增长的研究已较为成熟，学界主要有以下四种观点：一是有害论，认为政府债务增加会导致储蓄下降→利率提高→降低投资水平，不利于经济增长（Cochrane，2011；Greiner，2011）；二是有益论，认为政府债务有助于提高居民收入→增加社会总需求，有利于经济增长（Panizza et al.，2014）；三是中性论，认为政府举债和征税是等价的，政府债务对经济的短期行为和长期均衡增长均没有影响（Barro，1974）；四是非线性论，认为政府债务对经济增长的影响并非简单的线性关系，而是存在债务阈值（Woo and Kumar，2015）。在这四种观点中，持非线性论的学者日益增多。然而，关于政府债务与经济增长之间的关系目前仍未形成明确而统一的结论，哪怕是在占据主流的非线性论中，对于具体债务阈值的估测也存在较大差异。

（二）地方政府债务

随着地方政府地位的凸显与地方债务规模的日益膨胀，地方政府债务逐渐被分离开来，形成一个新兴的研究分支。国外的地方债务研究大致可分为以下三个方向：一是对地方政府债务规模的研究；二是对地方政府债务管理的研究；三是是对市政债券市场的研究，主要关注影响市政债券信用评级、利息费用及收益率的因素。

面对地方政府不断扩张的债务规模，为数不多的学者考察了影响地方债务规模的因素。Ellis 和 Schansberg（1999）对美国地方政府债务规模的研究发现，选民年龄结构对债务规模具有显著影响，当年轻选民所占比重更大时，债务规模也更大；辖区内居民的收入增长也会促使债务规模上升；政治因素大多与债务规模无关；一些财政制度，如预算平衡要求、债务规模限制等具有显著的控制地方政府负债规模的作用。Poterba 和 Rueben（1999）也研究了财政制度对地方政府发债规模的影响，他们指出，美国地方政府的发债规模会受到各州税收政策、支出上限、反赤字法规及发债约束等的影响。关于财政制度对地方债务规模的影响也有学者提出了不同观点，Fornasari 等（2000）、Jin 和 Zou（2002）都认为，发债约束并不会对地方债务规模产生系统性影响。Pan 等（2017）指出，地区间竞争与土地财政是导致中国地方债务扩展的主要因素。

在对地方债务的管理方面，Ter–Minassian 和 Craig（1997）将地方债务的管理方法分为四类，即市场约束、共同协商、规则控制和行政控制。Singh 和 Plekhanov（2005）使用 1982～2000 年 44 个国家的面板数据对地方政府债务管理模式进行了实证研究，其结论是没有任何一种模式是在任何情况下都优于其他模式的。Trautman（1995）提出，应发展对地方债务的定量管理办法，以加强对地方债务规模的控制。Rodden（2002）指出，如今无论是发达国家还是发展中国家，地方政府都集聚了大量不可持续的债务，这就要求中央政府通过增加转移支付或提供特别救助等方式承担起部分债务。Martell 和 Guess（2006）认为，地方政府债务融资市场的健康发展取决于以下三个因素，分别是管理地方政府举债行为的法律体系的发展、金融机构风险评估的能力及地方政府的偿债能力。Dafflon 和 Beer–Toth（2009）强调，管理地方政府债务不仅需要建立起地方政府举借的制度约束，还需要有相应的处罚机制。Chen 等（2020）发现，2009 年中国的"四万亿"经济刺激计划显著地促进了中国准市政债券（城投债）的发行和增长，同时还带来了影子银行业务的发展。Li（2018）认为，在中国情境之下，公私合作制（PPP）是缓解地方债务压力、治理地方债务问题的有效机制。

对市政债券市场的研究是地方政府债务的一个主流研究领域。美国法律赋予了州及州以下地方政府发行市政债券（Municipal Bonds）的权利，其地方公债制度运行已有相当长的时间，已形成了相对成熟的市政债券市场。得益于市政债券市场中债务数据的可得性与完整性，以及美国地方政府较高的信息透明度，美国学者开创了市政债券实证研究的先河，并一直在该研究领域中保持领先地位。

Wallace（1981）以 1974 ~ 1976 年佛罗里达州发行的 108 只市政债券为样本，研究了地方政府会计与审计实务上的差异对市政债券的利息费用及信用评级的影响，结果发现地方政府的会计实务会显著影响市政债券的利息费用，而审计实务则会显著影响信用评级。Ingram 和 Copeland（1982）对 Wallace（1981）进行了一定的扩展，其数据不再局限于佛罗里达州，并扩大了样本容量，他们采用 122个地方政府的市政债券数据研究了地方政府的会计、审计实务与所发行市政债券的利息费用及风险之间的关系，其研究结论与 Wallace（1981）基本一致。Wilson 和 Howard（1984）也在数据样本和研究方法上对 Wallace（1981）进行了一定改进，他们发现市政债券的信用评级与利息费用都会受到地方政府会计与审计实务的双重影响。

部分学者从政府会计信息的角度研究了市政债券的信用评级问题。Raman（1981）采用多元判别分析法（Multivariate Discriminant Analysis）得出了地方政府财务指标可用来预测其市政债券信用评级变化的结论。Copeland 和 Ingram（1982）的研究结论有所不同，他们发现地方政府会计信息无法用来预测市政债券信用评级的变化，而信用评级发生变化之后地方政府所披露的会计信息可反映出引起评级变动的地方政府经济状况。这一研究结论一方面对地方政府会计信息的有用性提出了质疑；另一方面则说明信用评级机构可为市场提供有价值的信息。然而，Park 等（2020）将地方政府财务报告获得表彰作为对高质量财务报告的度量，发现高质量的财务报告可提高地方政府所发行市政债券的信用评级。不同于以往研究，Wescott（1984）考察了社会经济因素对市政债券信用评级的影响，但是，他并没有发现社会经济因素在预测市政债券信用评级上的显著作用。除对市政债券信用评级的研究外，也有学者针对市政债券的收益率进行研究，如 Raman 和 Wilson（1994）发现有效的政府审计可显著提高市政债券的收益率。

21 世纪之后，针对市政债券的研究日渐稀少，基本关注的都是融资成本问题，即市政债券的利息费用。Baber 和 Gore（2008）发现，采用一般公认会计原则（GAAP）的地方政府市政债券融资成本更低。Yu（2021）则发现，美国会计准则（GASB）45 号的应用会增加市政债券的融资成本，这一效应随着时间的推移而递减，且这一效应在债券评级更低与使用 GAAP 的地方政府更加显著。Baber 等（2013）发现，地方政府的财务重述（Financial Restatement）会提高市政债券的利息费用，同时，审计监督与选民直接加入政府治理过程可降低财务重述对市政债券融资成本的不良影响。Edmonds 等（2019）从审计意见的角度讨论了市政债券的融资成本问题，发现保留审计意见将显著提高市政债券的融资成本。Gao 等（2020）从媒体的角度探讨了市政债券融资成本，他们的经验证据证明当地报社的关闭会显著地提高市政债券的融资成本。Zhang 和 Wang（2020）基于中国情境展开研究，发现政府隐性担保可显著降低中国准市政债券（城投债）的融资成本。Painter（2020）提出，气候变化会提高市政债券的融资成本。

二、国内研究综述

（一）期刊论文

从中国知网核心期刊中目前所能检索到的文献来看，我国关于地方政府债务的研究起步于 2000 年左右。在全球经济危机及我国"四万亿"经济刺激计划的背景下，2008 年我国学术界开始出现地方债务问题的研究热潮，之后发表的该主题期刊论文逐年递增。然而，不容忽视的是，虽然发表论文的数量增加，但发表于一类核心学术刊物的论文却屈指可数，论文质量仍有待提高。

在研究对象方面，我国的地方债务研究呈现出研究对象不断细化的趋势。早期研究多以地方整体债务为研究对象，随着债务融资方式的多样化，越来越多的文献开始专注于某一特定的融资方式，如地方政府融资平台债务、地方政府债券或融资平台所发行的城投债。2009年我国地方政府融资平台出现"井喷"之势，同时，一大批关于融资平台的论文涌现，之后每年都有两百余篇相关论文发表。这些以地方政府融资平台为研究对象的论文大多将研究视角放在融资平台所蕴含的风险及风险的防范上（王晓曦，2010；路军伟和林细细，2010；梅建明和詹婷，2011；葛鹤军和缑婷，2011；刘昊等，2013；刘伟和李连发，2013；刘子怡，2015；张文等，2016；徐鹏程，2017；张洁梅等，2019；徐军伟等，2020；钟源宇，2020；李力等，2020；张晓云和贺川，2021）。2009年起，我国开始由财政部代地方政府发行债券，这一新规定激起了学者对地方政府债券的研究兴趣，大量论文致力于论证中国发行地方政府债券的可行性、设计中国地方政府债券的制度框架及管理模式、分析地方政府债券的相关风险等（王锐等，2004；万莎，2010；程燕婷，2010；蒋紫文，2010；陈会玲和刘锦虹，2012；谢平和黄显林，2012；王永钦等，2015；梅建明等，2021）。同时，目前涌现出了一批关于城投债的文献，主要关注的是城投债的规模、风险与治理等问题（涂盈盈，2010；蔡晓辉和辛洪波，2013；汪伟，2013；钟辉勇和陆铭，2015；曹婧等，2019；张路，2020）。

虽然研究对象有所差别，但学者考察的研究问题都大同小异。总的来说，主要有三个研究方向：一是地方政府举债的驱动力分析及地方政府债务规模膨胀的原因；二是地方债务的相关风险及风险的防范；三是对地方政府债务融资行为的规范与治理。

针对地方债务的形成，唐云锋（2005）认为，真正原因在于中央与地方政府对财权与事权分配现状的漠视、地方政府的预算与效用最大化追求以及地方政府官员的寻租行为。龚强等（2011）、梅建明等（2021）指出，中国地方债务积累的原因在于市场机制的不健全、分税制改革后的财政体制因素、宏观政策的刺激以及软预算约束问题，有着多种历史制度根源，也是中央和地方政府共同作用的结果。马金华（2011）对地方政府债务进行了分时段的分析，他强调在 2006 年以前，财政体制是造成地方债务增长的主要原因，而在 2006 年之后，中国地方债务的扩张是财政体制与经济增长方式共同推动的。王叙果等（2012）分析了地方政府融资平台的过度举债问题，他们认为中国式财政分权并不是刺激融资平台过度负债的唯一因素，政府"经济参与人"与"政治参与人"的双重角色以及中国银行业普遍存在的预算软约束现象是导致融资平台债务过度膨胀的重要原因。蒋军成（2013）对 2011 年发布的全国地方政府截面数据进行了实证分析，发现不同层级的地方政府举债原因也不同，省级地方政府为发展经济而举债，而县（市）级地方政府则是为了应对巨大的财政赤字。蔡晓辉和辛洪波（2013）指出，城投债规模的膨胀主要受以下五个因素的影响：一是商业银行贷款收紧，二是地方政府收入增速放缓且支出压力大，三是中央政府放松控制，四是债券交易市场对城投债需求旺盛，五是财政和金融体制存在的缺陷。

在地方债务风险及防范方面，我国学者的研究多集中于以下三个方面：一是地方债务风险的形成及传导机制；二是通过对合理债务规模进行测度来衡量地方债务风险程度；三是对地方债务风险预警模型的探索。洪源和李礼（2006）从债务可持续性的角度来分析地方债务风险的成因，并通过找出当前地方政府债务实际运行模式与可持续性运行模式的差距来确定地方债务政策调整的方向和力度，从而实现规避地方债务风险的目的。赵迎春（2006）对某发达地区 A 市截至 2005 年底的债务情况进行了调查，发现其债务风险并不在于财务风险、挤出风险、金融风险或经济风险等，而在于制度与组织设计造成的管理风险，并以此提出了防范地方债务风险的政策建议。冯静和石才良（2006）采用博弈理论框架深入剖析了地方债务的违约风险，并探索了能够控制违约风险的制度、经济、政治等方面因素。万莎（2010）从宪政经济学、财政联邦制理论及博弈论三个方面对地方政府债券的相关风险进行了分析。陈会玲和刘锦虹（2012）基于委托代理理论分析了地方政府债券违约风险的形成机制，强调可能引发地方政府债券的违约风险。路军伟和林细细（2010）在财政机会主义框架下对地方政府融资平台的债务风险进行了剖析，指出我国制度环境下的强激励机制与软约束机制共同导致了融资平台的债务风险。路军伟（2010）、张洁梅等（2019）对地方政府融资平台风险的传导机制进行了分析，提出各地融资平台可能通过不同途径将其压力进行传导，最终可能传导至金融业、中央政府及宏观经济层面，甚至有可能引发一系列的社会问题，这一风险的治理需要中央政府的主导与统筹以及利益相关者的共同配合。刘志彪（2013）在地方政府公司化的视角下对融资平台的债务风险进行了解析，他认为在中国目前的举债融资机制下，即使偿债率、债务负担率等指标不高，也可能由于经济泡沫破裂而产生严重的债务危机，因此，应通过加强对融资平台的管理来控制地方债务风险。钟源宇（2020）对地方政府融资平台的境外发债情况展开研究，发现存在认定标准不一、偿债能力存疑等多种风险，因此建议进一步加强监管、规范境外发债管理，并积极防范外汇风险，以促进平台市场化转型。

对于合理地方债务规模的测度，现有文献中比较有代表性的主要有以下几种方法。刘金林（2013）以2000～2009年经济合作与发展组织（OECD）国家的政府债务数据为样本，建立了动态面板模型来探讨政府债务的合理规模，并试图将实证结果应用到我国的地方政府。刘伟和李连发（2013）通过构建有限承诺条件下的动态债务模型来推导市场配置资源主导下的融资平台适度举债规模。张锋欣和史占中（2014）应用KMV模型对地方政府债务的安全边界进行测度，并以此来衡量地方政府债务的信用风险。

地方债务风险预警机制的建立是控制债务风险的有效途径之一。针对风险预警机制的设立，王晓光（2005）利用模糊评价方法设计了一个基于债务依存度、债务负担率、财政赤字率等指标的地方政府债务监控预警系统；冉光和等（2006）运用西部某省 5 年的数据资料，基于粗糙集理论建立了地方债务风险预警模型；卿固等（2011）基于从低级到高级的"逐级多次模糊综合评判"方法构建了一个能对地方政府债务风险危机度进行整体量化的债务预警模型；王桂花和许成安（2014）在熵模型的基础上构造了地方政府债务风险预警指标体系。

　　基于地方债务规模的膨胀及相关风险的累积，大量文献就地方债务问题的治理提出了政策建议。宋立（2004）认为，对地方债务的管理要根据经常性债务与建设性债务分类治理、债务存量与增量分流解决的思路来进行，并指出市政收益债券是解决地方政府债务问题的重要途径。马金华（2011）强调，解决中国目前地方债务问题的根本出路在于地方政府举债债券化，通过一系列措施使地方债务走向透明化、规范化、法制化、市场化的道路。张力毅（2014）以美国《破产法》中地方政府的债务调整程序为中心，指出中国有建立类似地方政府债务清理法律程序的必要性与可行性。程燕婷（2010）针对地方政府债券提出了构建债券发行长效机制的设想，指出在短期内应尽快建立地方政府债券发行的激励与约束机制，并在中长期不断深化财政体制改革。谢平和黄显林（2012）在博弈模型下讨论了地方政府债券发行的审核权分配问题，提出了逐步下放审核权、修改发行规则、修改限制地方政府发债的法律法规等政策建议。王晓曦（2010）针对地方政府融资平台存在的制度缺陷提出了规范平台运作、强化政府监管以及推广融资平台银团贷款等政策建议。李建发和林可欣（2013）在分析地方政府融资平台存在的主要问题及原因的基础上提出了理顺地方政府融资平台与政府财政关系、完善平台公司治理结构、加强金融监管、规范融资平台会计核算和信息披露等政策建议。徐军伟等（2020）提出，融资平台公司存在资产与风险的不对称性，其根源是地方政府对融资平台公司的资产延伸和风险联保，金融势能是融资平台公司大力举债的微观动力机制，也是导致地方政府隐性债务持续增长的市场驱动因素。为有效防范化解地方政府隐性债务风险，应采取有针对性的政策措施抑制地方政府对融资平台公司的资产延伸和风险联保，消除融资平台公司不合理的金融势能。

（二）专著及研究报告

目前，我国关于地方债务的专著及研究报告并不多。根据研究内容，大致可分为四类：一是关于地方政府投融资的研究，二是关于地方政府融资平台的研究，三是关于地方政府债券的研究，四是关于地方债务管理的研究。

在地方政府投融资方面，刘立峰（2011）研究了我国地方政府融资的历史、现状及融资模式，并分析了地方政府融资的可持续性，最后结合国外地方政府融资的经验提出了我国地方政府融资改革的新思路。徐丽梅（2013）专门探讨了地方政府基础设施的债务融资行为，分析了中国地方基础设施融资的现有模式、融资障碍与制度变迁，并提出了针对地方债务融资的风险管理建议。

《中国地方政府融资平台研究》课题组于 2011 年出版了《中国财税发展研究报告——中国地方政府融资平台研究》一书，该书构建了一个针对地方政府融资平台的系统分析框架，对融资平台形成的制度原因、融资模式的创新及风险管理等问题都有深入论述。周孝华和周青（2012）专注于地方政府融资平台的风险研究，在分析风险形成机理与影响因素的基础之上设计了地方政府融资平台的风险预警模型及风险度量模型，并基于重庆市融资平台数据进行了一定的实证研究探索。《中国地方政府融资平台研究》一书汇编了国家自然科学基金委管理科学部应急项目"中国地方政府融资平台研究"的成果，全书从历史视角及管理学视角审视了中国地方政府融资平台的发展，介绍了国外地方政府融资理论与国际经验，开展了中国地方政府融资平台创新模式研究，并探讨了融资平台的风险管理与控制。周沅帆（2010）以地方政府融资平台发行的城投债为研究对象，除讨论城投债的产生背景、现状及意义外，还对城投债的发行规则、定价、信用评级等可操作性问题进行了深入浅出的说明，并分析了中国城投债的信用风险、存在的问题及相关发展建议。

曹晓武（2012）则以地方政府债券为研究对象，在分析中国发行地方债券的可行性与必要性的基础上探讨了中国地方政府债券发展的路径安排、地方债券发行的细节设计及激活地方债券交易的新思路。

针对地方政府债务的管理，《中国地方债务管理研究》课题组基于中国地方债务的现状及制度成因，在借鉴地方债务国际管理经验的基础上设计了中国地方债务管理的制度框架。李萍（2009）介绍了工业化国家、发展中国家及转型期国家地方政府债务管理的经验，通过国际比较的方式总结了值得中国借鉴之处。赵晔（2011）总结了地方债务风险的相关理论，并通过聚类分析对地方债务风险进行了实证研究，最后提出了化解中国地方债务风险的政策建议。

（三）国内研究评述

近年来，国内研究地方政府债务的文章数量保持一种增长趋势，研究视角已经大大丰富，现有研究囊括了公共选择理论、博弈论、财政机会主义以及宪政经济学等多个视角。同时，地方债务研究的对象呈现不断细化的趋势，最初学者主要针对地方政府的总体债务进行研究，随着地方政府债务融资形式的多样化，越来越多的学者开始将研究对象细化到某一种举债方式上，尤其突出的是对地方政府融资平台的研究。虽然当前地方政府债务研究仍以规范研究为主，但也开始出现了一些实证研究，研究方式正朝着多样化的方向发展。

虽然现有的地方债务研究取得了一定成果，但也存在一些不足：第一，由于中国地方债务问题复杂性强，并带有转轨经济的特征，加之中国对地方债务问题的研究时间还较短，因此，对地方政府债务融资的认识与理解还处在不断加深的过程，尚未建立起清晰明确的理论体系与框架；第二，大部分文献均是围绕地方政府的债务风险进行研究，在分析地方债务风险的基础上提出控制风险的政策建议，研究问题相对单一，广度不足，缺乏新意；第三，部分文献对地方政府债务问题的研究深度不足，研究结论大同小异，有些只是表述上的不同，对问题的探索更多还只是停留在表层，缺乏对地方政府债务融资的深入、系统研究。

第三章　地方政府债务融资的现状分析

本章首先从债务融资模式、债务规模、债务结构以及债务风险这几个角度分析了中国地方政府债务融资的总体状况，其次总结了中国地方政府债务融资的演变过程，最后介绍了中国城投债的发行现状。

第一节　地方政府债务融资的总体状况[①]

一、基本融资模式

《中华人民共和国预算法》在 2014 年修订之前关于地方政府不得发债的规定意味着中国地方政府并没有法律意义上的举债权。虽然 2009 年地方政府债券的禁令开始解除，但无论是财政部代发还是试点地区自行发债，债券的发行规模都

[①]　由于地方债务的整体规模为估算值，且口径不甚统一，导致这一部分数据存在一定缺失。尤其是第一节的第三部分的地方债务结构与第四部分地方债务风险，资料来源为中华人民共和国审计署 2011 年第 35 号审计公告与 2013 年第 32 号审计公告，由于后续审计署未进行类似审计，且缺乏其他来源的权威数据，导致该部分数据难以更新。

受到中央政府的严格管控，中央政府分配给地方的债券额度对地方政府而言无异于杯水车薪。因此，地方政府不得不成立集融资、建设经营及债务偿还于一体的城投公司等作为融资平台来代替地方政府进行市场化融资。

融资平台最重要的资金来源是打捆贷款，即由政府提供信用担保或兜底还债，向国家开发银行等银行申请的期限长、额度大、利率低、可以充当资本金使用的"软贷款"。根据 2006 年《中国金融年鉴》关于打包贷款的调查报告，2003～2005 年上半年，打捆贷款的增长速度分别为 11.2%、22.3%、22.3%，明显高于同期其他各项贷款增速。然而，《国务院关于加强地方政府融资平台公司管理有关问题的通知》（国发〔2010〕19 号）及后续的原银监会《中国银监会关于加强 2012 年地方政府融资平台贷款风险监管的指导意见》（银监发〔2012〕12 号）、《中国银监会关于加强 2013 年地方政府融资平台贷款风险监管的指导意见》（银监发〔2013〕10 号）的发布无疑开始关闭融资平台的这一融资渠道。在这一背景下，融资平台发行的城投债因融资规模大、还款期限长等特点越来越得到地方政府的青睐，其发行规模不断膨胀。

二、地方债务规模

由于大量隐性债务、或有债务的存在，中国地方政府债务有着隐蔽性较强、名目繁多、涉及面广、难以统计的特点。中国地方政府的债务规模究竟有多大，从现有公开资料来看，仍然没有一个确切的答案。一方面，由于这些债务往往并不反映在政府预算当中；另一方面，这还在于中国目前还没有建立起对地方政府债务进行分类和统计的统一规则，导致缺乏公开、透明、统一、可靠的地方政府债务数据。

关于中国地方政府债务的总体规模，不同的机构、学者给出了不同的估计结果。2007 年财政部调查结果显示，当年全国地方债务余额约为 4 万亿元。审计署《关于 2009 年度中央预算执行和其他财政收支的审计工作报告》以 18 个省、16

个市和 36 个县本级为样本对中国地方政府的债务状况进行了审计调查。该报告显示截至 2009 年底，样本中所有地区的地方政府性债务余额合计为 2.79 万亿元，其中，融资平台债务占地方政府性债务余额的比重为 51.97%。原银监会于 2009 年对地方政府融资平台的贷款余额进行了统计，结果显示截至 2009 年末，融资平台的贷款余额为 7.38 万亿元。考虑到银行贷款为地方政府融资平台的首要债务来源，若以审计署得出的融资平台债务占地方政府性债务余额的 51.97% 加以推算，那么截至 2009 年底，中国的地方政府性债务余额约为 14.20 万亿元。财政部财科所估计，2008 年底，中国融资平台债务规模至少为 4 万亿元，若同样以审计署 2009 年公布的比例进行推算，那么中国 2008 年底的地方债务规模至少为 7.70 万亿元。美国西北大学学者史宗翰（Victor Shih）在各种地方文件及相关评级机构资料的基础上估算出中国 2009 年末的地方债务总体规模大致为 11.40 万亿元，而到 2011 年有约 12.70 万亿元的未来债务，因此，2011 年末地方债务高达 24.10 万亿元。2011 年审计署对全国地方政府性债务审计结果显示，截至 2010 年底，全国地方政府性债务余额为 10.72 万亿元，其中融资平台债务所占比重为 46.38%。然而中金公司、花旗银行等投资银行则提出了更为激进的观点，它们认为，到 2010 年底中国地方债务将达 12 万亿元以上，如果将各种隐性债务也纳入统计，那么中国地方债务可能高达 23 万亿 ~ 27 万亿元。花旗集团大中华区首席经济学家沈明高根据各类数据保守估计，到 2011 年地方政府债务余额将达 15 万亿元，这一保守估计未将地方政府融资平台再次发行债券或中央再次代地方发行债券的可能性考虑在内。审计署 2013 年第 24 号审计公告公布了对 15 个省、3 个直辖市本级及其所属的 15 个省会城市本级、3 个市辖区共计 36 个地方政府本级的政府性债务审计结果，报告显示截至 2012 年底，36 个地方政府本级政府性债务余额为 3.85 万亿元，其中，融资平台债务所占比例为 45.67%。野村证券在 869 家融资平台公司数据的基础上估算出 2012 年末融资平台债务总额为 19 万亿元，按照审计署 2013 年第 24 号审计公告中公布的比例进行推算可得

出中国 2012 年底的地方政府债务总额高达 41.60 万亿元。然而中国社会科学院的测算结果显示，2012 年中央政府与地方政府的加总债务接近 28 万亿元，其中地方政府债务为 19.94 万亿元。此外，据审计署 2013 年第 32 号审计公告，2012 年底地方政府性债务余额为 15.89 万亿元，截至 2013 年 6 月，地方政府性债务余额为 20.70 万亿元。按照中国社会科学院的估计，截至 2014 年底，地方政府债务规模达到 30.28 万亿元。国际评级机构惠誉测算我国 2017 年底，包括城投债、银行贷款、非标、PPP、投资基金等在内的地方政府融资平台债务规模约在 35 万亿元；而据清华大学中国财政税收研究所的调研结果，截至 2017 年底，发行过城投债的企业债务余额已高达 47 万亿元。

根据以上数据可知，一方面，由于口径的差异和出发点的不同，地方政府债务的测算结果之间差异较大，缺乏统一口径的统计数据；另一方面，近年来中国地方政府债务的增长速度不容小觑。

三、地方债务结构

(一) 债务性质的构成

财政部将地方债务按性质的不同分为政府负有直接偿还责任的显性债务、政府负有担保责任的显性或有债务及政府负有兜底责任的隐性或有债务。审计署按照财政部的分类对中国地方政府性债务进行审计。审计署 2011 年第 35 号审计公告显示，截至 2010 年底，全国地方政府性债务余额为 10.72 万亿元，其中，政府负有直接偿还责任的显性债务余额为 6.71 万亿元，占 62.59%；政府负有担保责任的显性或有债务余额为 2.34 万亿元，占 21.83%；政府负有兜底责任的隐性或有债务余额为 1.67 万亿元，占 15.58%（见图 3-1）。据审计署 2013 年第 32 号审计公告，政府负有直接偿还责任的显性债务、政府负有担保责任的显性或有债务及政府负有兜底责任的隐性或有债务分别占 2012 年末地方政府性债务余额的 60.60%、15.67% 及 23.73%（见图 3-2）。可见，这三类债务在地方政府性债务余额中所占的比重较 2010 年有所不同，最突出的变化是 2012 年隐性或有债务余额所占比重开始超过了显性或有债务。

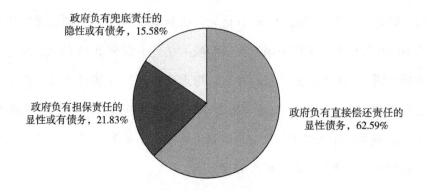

图 3-1 2010 年底全国地方政府性债务规模情况

资料来源：审计署 2011 年第 35 号审计公告。

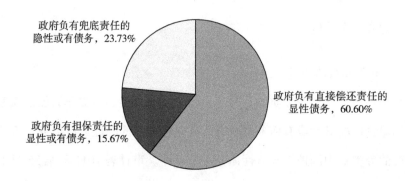

图 3-2 2012 年底全国地方政府性债务规模情况

资料来源：审计署 2013 年第 32 号审计公告。

（二）债务横纵向结构

从横向区域分布来看，中国地方政府债务主要集中在东部地区，中部地区及西部地区债务规模相对更小。据审计署 2011 年第 35 号审计公告，截至 2010 年底，中国东部地区、中部地区、西部地区债务分别占地方政府性债务余额的49.65%、23.06%、27.29%（见图3－3）。

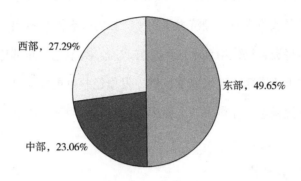

图3－3 2010年底地方政府债务规模的区域分布情况

资料来源：审计署2011年第35号审计公告。

从纵向政府层级来看，中国地方政府债务主要集中在市级地方政府，省级与县级地方政府的负债规模相对更低。据审计署2011年第35号审计公告，截至2010年底，中国省级、市级、县级地方政府债务余额分别占全国地方政府性债务余额的29.96%、43.51%、26.53%（见图3－4）。

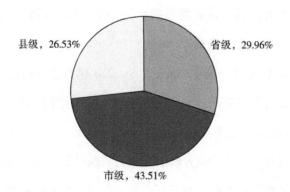

图3－4 2010年底地方政府债务规模的纵向分布情况

资料来源：审计署2011年第35号审计公告。

中国地方政府债务的这种横向、纵向分布特点可从债务的需求与供给角度来加以解释。中国东部地区地方经济发展水平远高于中西部地区，中央下放的事权也相应更多，但配套资金往往不足，导致地方政府债务融资需求较大。同时，鉴于东部地区的高财政收入及高经济发展水平，银行等金融机构出于自身风险控制的考虑更倾向于将资金提供给该地区的地方政府。类似地，东部地区融资平台发行城投债的条件也比中西部地区更加成熟，发债经验也更加丰富，更容易通过债券发行的各种审批程序。在供求两方面因素的共同作用下，中国东部地区债务规模最大。

（三）举债主体结构

从举债主体来看，据审计署 2011 年第 35 号审计公告，在 2010 年底的地方政府性债务余额中，融资平台、地方政府部门与机构是主要的两大举借主体，其占当年债务余额的比重分别为 46.38% 和 23.31%。据审计署 2013 年第 24 号审计公告，2012 年，融资平台、地方政府部门与机构债务分别占该年地方政府性债务余额的 45.67% 和 25.37%，依然是重要的举借主体。从以上数据可以看出，地方政府在进行债务融资时高度依赖于融资平台。

（四）债务资金来源结构

从借款来源来看，据审计署发布的审计公告，银行贷款与债券发行分别占 2010 年底地方政府性债务余额的 79.01% 和 7.06%，分别位列第一、第二；债券发行所占比重在 2012 年提升至 12.06%，与 2010 年相比增长比率高达 70.82%，该年银行贷款占比为 78.07%，两者仍是债务资金的主要来源。可见，债券发行虽然与银行贷款相比显得比重低微，但它于近年间增长迅猛，占地方政府性债务余额的比重不断攀升，已成为地方政府除银行贷款外的最大债务资金来源。

地方政府的债券发行主要由两部分构成，即地方政府债务和地方政府融资平台所发行的城投债（包括企业债券、中期票据、短期融资券等）。根据审计署 2013 年第 32 号审计公告，截至 2013 年 6 月底，在地方政府的债券发行中城投债占比高达64.05%，占据了绝对的主导地位。可见，城投债已逐渐发展成为地方政府重要的债务资金来源之一。

（五）债务资金用途结构

据审计署2013年第32号审计公告，截至2013年6月底，在地方政府负有偿还责任的债务中，用于市政建设、土地收储、交通运输、保障性住房、科教文卫、农林水利、生态建设等基础性和公益性项目的支出占比高达86.77%。其中，市政建设支出规模最大，占地方政府负有偿还责任债务的37.49%。用于市政建设、交通运输设施建设以及保障性住房的债务在形成相应资产的同时，也大多拥有较好的经营性收入，可用于相关债务的偿还。虽然从整体上看，中国地方政府债务在用途上符合黄金法则，但仍然存在不同程度的将债务资金用于弥补经常性支出赤字的现象。

四、地方债务风险

本书主要从以下几方面来分析地方政府的债务风险：

（一）高债务率

据审计署数据显示，2010年全国地方政府性债务余额为10.72万亿元，而当年地方本级财政收入为4.06万亿元。据审计署2013年第32号审计公告，截至2012年底，全国地方政府性债务余额为15.89万亿元。国际上通用的债务率安全界限为100%，国际货币基金组织确定的债务率控制标准为90%~150%。可见，中国地方政府已存在一定程度的地方债务风险。

（二）偿债资金来源不足

在地方政府债务的偿还上，由于偿债能力不足，"借新还旧"现象愈加明显。据审计署的统计，截至2010年底，有22个市级政府和20个县级政府的借新还旧率超过20%。2012年，已有2个省级、31个市级、29个县级、148个乡级地方政府借新还旧率超过20%。

（三）逾期债务率偏高

逾期债务率直接反映了地方政府的债务违约程度。据统计，2010 年有 4 个市级地方政府和 23 个县级地方政府的逾期债务率超过了 10.00%[①]。审计署针对 36 个地方政府 2012 年债务情况的审计发现，14 个省会城市本级政府负有直接偿还责任的显性债务已逾期 181.70 亿元，其中 2 个省会城市本级逾期债务率超过 10.00%，最高的已达 16.36%[②]。偏高的逾期债务率预示着地方政府所面临的债务风险不容忽视。

总之，通过以上分析可以看出，中国地方政府的偿债压力不可小觑，存在明显的风险隐患。地方政府集聚的债务风险具有极强的扩散性，极可能传导至金融业、中央财政、宏观经济甚至整个社会层面，将严重危害中国经济的稳定发展以及社会的长治久安。

第二节　地方政府债务融资的演变

中国地方政府的债务融资受财政、金融、投资等多领域因素的影响，依据其演变的基本路径和特征，大致可分为四个阶段：起步阶段、拓展阶段、转轨阶段和深化阶段。从纵向上看，由于影响因素的复杂多样性，这四个阶段可能有所重叠，难以截然分开；从横向上看，由于各地区发展水平和基础条件等方面的差异，在同一时间可能不同地区正处在不同阶段。

---

① 资料来源：审计署 2011 年第 35 号审计公告。
② 资料来源：审计署 2013 年第 32 号审计公告。

一、起步阶段（1979～1990年）

在地方政府债务融资的起步阶段，统收统支的财政体制刚被打破，自1980年起中国开始实行"分灶吃饭"的财政体制。这一体制使中央和地方的财政关系发生了巨大变化，地方政府开始拥有了财政收入的"剩余索取权"，并第一次拥有了一定的财政自主权。与此同时，地方政府在经济建设方面的责任也被进一步强化。尽管如此，这一时期的地方政府财力依然薄弱，缺乏稳定的收入机制。由于财政几乎集中了当时的全部社会资金，因此，在地方政府的融资活动中，财政资金占据了主导地位。

1979年，中国开始试行"拨改贷"政策，即原先列入国家预算由国家直接无偿拨款的基本建设投资，除无偿还能力的项目外，改为由中国人民建设银行贷款解决。1982～1984年，"拨改贷"投资稳定在每年30亿元左右，投资比重则徘徊在10%附近。经过这几年的试行，国务院决定，从1985年起，国家预算内安排的建设项目全部由财政拨款改为银行贷款，即开始全面实行"拨改贷"政策，这是我国基本建设管理体制的一项重要变革。"拨改贷"意味着地方基本建设投资由传统的财政无偿拨款方式向有偿使用方式过渡，它成为大规模运用信用工具参与固定资产投资的前奏，可视为地方政府贷款融资的雏形。1986～1990年，"拨改贷"资金占城市基本建设投资资金的比重稳步升高，但是，总体来说，财政预算内投资仍占据绝对的主导地位（见表3-1）。

表3-1 1986～1990年城市建设基本融资渠道

年份	城市建设筹资总额（亿元）	城市建设资金来源	
		"拨改贷"资金（%）	地方政府财政资金（%）
1986	144.8	2.2	97.8
1987	163.8	3.8	96.2
1988	184.5	4.5	95.5
1989	183.5	3.0	97.0
1990	210.4	5.4	94.6

资料来源：刘立峰. 地方政府融资研究 [M]. 北京：中国计划出版社，2011.

然而，严格来说，"拨改贷"并不等同于一般意义上的银行贷款，它的资金来源本质上仍属于财政资金，且"拨改贷"资金在银行收回后需上交中央或地方财政，银行在其中只是扮演了"受托人"的角色，而非真正意义上的"债权人"。这一时期，中国银行、中国农业银行、中国工商银行、中国建设银行四大专业银行逐步建立，但它们主要是依据贷款指令性计划对经济建设所需资金进行分配，承担了大量国家政策性任务，只是充当了财政的会计出纳角色。

总的来说，在这一阶段，"分灶吃饭"的财政体制改革使地方政府的财权与事权均有所扩大，"拨改贷"政策使地方基本建设投资开始由传统的财政无偿拨款方式向有偿使用方式转变，此时地方政府的融资方式仍以财政资金为主，债务融资方式的雏形才刚刚出现。

二、拓展阶段（1991~1997年）

拓展阶段的主要特征在于以四大国有专业银行为主导的银行体系建立，银行信贷资金成为地方政府弥补财政资金不足的重要渠道。同时，地方政府还开始使用国外贷款来弥补公共投资缺口。地方政府融资平台也在这一阶段开始出现并有了初步发展。

在这一时期，邓小平同志的"南方谈话"使各地的投资热情大为提高，城市建设投资需求开始呈现明显的扩张倾向。但是，1994年的分税制改革将财权向中央集中，地方财政收入的比重大幅萎缩。同时，在事权划分上，城市建设的职责基本下放给了地方政府，导致地方政府的财权与事权不匹配，出现了财政缺口。随着时间的推移，地方政府财力不足的矛盾日益凸显，融资需求被激化。据统计，在这一阶段，财政预算内投资占城市建设资金的比重从上一阶段的平均96%下降到40%，城市建设投资出现较大的供求缺口。

这一时期，以四大国有专业银行为主导的银行体系建立，各专业银行在各地区也设立了分支机构。20世纪80年代中后期，中国还兴起了各种形式的农村合作基金会。这些地方金融机构的建立为地方政府干预银行信贷活动提供了便利条件。虽然，按照《中华人民共和国预算法》《贷款通则》《中华人民共和国担保法》等的规定，地方政府并不能向银行申请贷款，也不能作为保证人，但是地方政府对地方金融资源进行掌控，出现了信贷资金财政化的现象。

除国内信贷外，在20世纪90年代，地方政府还普遍利用国外贷款来支持地方基础设施等公共工程的建设。这一时期的国外贷款主要包括世界银行、亚洲开发银行等国际金融组织贷款、外国政府贷款和由地方政府担保借款而形成的其他政府外债。这些国外贷款很好地补充了地方基础建设资金的不足，在推动地方建设、促进扶贫、科教文卫等事业发展、缩小地区差距等方面都发挥了积极作用。以世界银行贷款为例，1991年，我国与世界银行签订的贷款协议总额达到了近20亿美元，仅次于印度和巴西，居于世界第三位。

由于对国内外贷款的大量利用，地方政府的债务融资在这一时期得以深化，其在城市建设筹资中所占的比重日渐升高（见表3-2）。

表3-2 1991~1997年城市建设基本融资渠道

年份	城市建设筹资总额（亿元）	城市建设资金来源	
		债务资金（%）	地方政府财政资金（%）[①]
1991	266.1	12.6	87.4
1992	393.4	10.1	89.9
1993	581.1	10.1	89.9
1994	674.8	8.8	91.2
1995	774.3	9.5	90.5
1996	847.6	17.9	82.1
1997	1110.3	27.6	72.4

资料来源：刘立峰.地方政府融资研究［M］.北京：中国计划出版社，2011.

---

① 包含地方政府的土地出让收入等土地经营收入。

20世纪90年代初，随着城市化进程的起步，部分地方政府开始建立诸如"城投公司""市政公司"等经济实体，为地方市政建设、基础设施建设等筹集资金。例如，1992年7月，上海市成立了由政府授权，对城建资金进行筹措、使用和管理的城市建设投资开发总公司。这些经济实体的出现标志着中国地方政府融资平台的诞生，实现了城建资金从"投"向"融"的转变。虽然在这一阶段，地方政府融资平台开始出现并有了初步发展，但它还未成长为地方政府举借的重要依托。

三、转轨阶段（1998～2008年）

随着分税制改革的深化，支出责任进一步向地方政府下移，导致地方政府的融资需求大幅增长，开始不断寻求新的融资方式。

同时，我国国有银行开始从专业银行向商业银行过渡，统一法人体制的建立大大加强了总行的信贷集中与资金调度能力，改变了原先贷款分散决策的局面。此外，商业银行与中央银行实现了完全分离，商业银行作为经济实体的独立性得以加强。国家开发银行的成立使建设项目的政策性固定资产投资信贷业务从专业银行的信贷业务中分离出来，促进了中国银行、中国农业银行、中国工商银行、中国建设银行从专业银行向商业银行的过渡。20世纪90年代后期在积极财政政策与宽松货币政策的惯性作用下，银行信贷依然为地方政府的建设融资做出了重要贡献。然而，这一阶段的银行信贷有了新的变化，举借主体以地方政府成立的融资平台公司居多。迫于《中华人民共和国预算法》等法律制约，地方政府不存在规范的市场化债务融资渠道，导致地方政府的债务融资需求难以宣泄。为绕开法律障碍，地方政府成立集融资、建设和经营、债务偿还为一体的城投公司作为融资平台，代替地方政府进行各种直接和间接的债务融资，从而达到地方政府市场化融资的目的。

1998年8月，国家开发银行与安徽省签订了第一份金融合作协议，率先以项目打捆、政府指定融资平台为统借统还借款法人的模式，对地方基础设施项目提供贷款。自此，国家开发银行探索并建立了以"大额承诺、滚动计划、资金平台、融资拉动"为核心的开发性金融合作协议模式，给大批城市注入了授信额度。之后，这一模式也被商业银行纷纷效仿。地方政府通过融资平台这一经济实体为地方经济建设、基础设施建设等活动筹集了大量的银行信贷资金，融资平台成为地方政府最重要的举借主体。据统计，在这一时期，各金融机构投向地方政府融资平台的政府背景基础设施贷款规模年年攀升，占新增中长期贷款的比例也不断增长（见表3-3）。

表3-3　主要金融机构投向政府背景基础设施领域的新增贷款额及比例

年份	基础设施新增贷款额（万亿元）	占新增中长期贷款比例（%）
2006	0.65	37.6
2007	0.79	40.2
2008	1.10	48.2

注：主要金融机构包括政策性银行和商业银行；基础设施领域包括交通、能源、水利、环境以及公共设施。

资料来源：刘立峰. 地方政府融资研究［M］. 北京：中国计划出版社，2011.

在积极的财政政策的影响下，财政部于1998年下发《国债转贷地方政府管理办法》（财预字〔1998〕267号）这一制度性文件，允许中央增发国债并将部分国债资金转贷给地方政府使用，用以支持地方性公共工程和基础设施的建设。这些国债转贷资金构成了这一时期地方政府的债券收入，但国债转贷资金要求落实到具体项目，并对项目的选取有严格的要求。这些规定极大地限制了地方政府的债券收入，因此，地方政府开始尝试通过融资平台发行债券的方式来进行债务融资，这些债券则被统称为城投债。在这一阶段，城投债的发行规模还较小，地方政府还是更依赖融资平台的银行借款来筹措建设资金。

总的来说，在转轨阶段，地方政府的融资需求在财权与事权的不断调整中增大，地方政府需要为自身负责的公共服务融通更多的资金。在这一阶段，除向银行举借外，地方政府还依赖国债转贷资金来支持地方公共工程和基础设施的建设。地方政府融资平台在这一时期得到了一定发展，开始成为地方政府债务融资的重要依托。

四、深化阶段（2009 年至今）

2008 年末的"四万亿"经济刺激计划极大地加剧了地方政府的财政压力及融资需求。2009 年初，中国人民银行和原中国银行业监督委员会（以下简称银监会）共同颁布了《关于进一步加强信贷结构调整促进国民经济平稳较快发展的指导意见》。这一文件明确指出，应支持有条件的地方政府组建融资平台，发行企业债、中期票据等融资工具，以拓宽中央政府投资项目的配套资金融资渠道。在这一文件的影响下，地方政府建立各类融资平台公司，以政府信用为背景通过融资平台在信贷市场中大规模进行融资举债。这些贷款往往通过以企业形式出面的地方政府控制的融资平台向银行申请，并由地方政府提供直接或间接担保。在这一阶段，以政府信用为背景的银行贷款仍然是地方政府债务融资的主要途径。据统计，2009 年末，主要金融机构投向政府背景基础设施领域的新增贷款额从 2008 年的 1.1 万亿元增长到 5 万亿元，其占新增中长期贷款的比重也超出了 50%。然而，随着银行业改革的深化，国有银行的市场主体地位进一步增强，地方政府对银行信贷的干预更加困难。《国务院关于加强地方政府融资平台公司管理有关问题的通知》（国发〔2010〕19 号）要求清理整顿地方政府融资平台，并对地方政府融资平台的融资管理与银行业等金融机构的信贷管理进行了制度性安排，大大加强了对地方政府融资平台银行贷款的监管力度。2010 年底，原银监会发布《关于加强融资平台贷款风险管理的指导意见》（银监发〔2010〕110 号），规定了融资平台贷款的五级分类规则和风险权重系数，并要求以此为依据对融资平台的贷款风险进行全面管理，导致融资平台申请银行贷款的难度日益增加。因此，地方政府不得不开始寻求除银行信贷以外的其他债务融资渠道。

2009 年，《国务院关于安排发行 2009 年地方政府债券的报告》首次允许地方政府发行 2000 亿元的地方债券，该债券由财政部代为发行，由中央分配债券额度，旨在解决"四万亿"经济刺激计划中地方配套资金困难的问题。地方政府的这一债券收入全额纳入省级财政预算管理，地方财政要及时向中央财政上缴地方债券本息、发行费等资金，债券到期之后，由中央财政统一代办偿还。财政部通过《2009 年地方政府债券预算管理办法》（财预〔2009〕21 号）、《关于做好发行 2009 年地方政府债券有关工作的通知》（财办库〔2009〕36 号）等文件明确规定了地方政府债券的发行与管理办法，将地方政府债券纳入预算管理，并正式建立起了地方政府债券的法规制度框架。2011 年，国务院批准上海市、浙江省、广东省和深圳市四地启动地方政府自行发债试点，财政部为此特别制定了《2011 年地方政府自行发债试点办法》（财库〔2011〕141 号），开启了地方债券发行的新篇章。从"国债转贷"到"代理发债"，再到"自行发债"的转变意味着中央政府也在积极探索地方政府债务融资的新模式。2013 年，经国务院批准，山东省和江苏省也加入了自行发债试点的行列。2014 年，地方政府债券自行发债试点的范围被进一步扩大，北京、江西、宁夏、青岛也开始试点地方政府债券自发自还。2014 年，《中华人民共和国预算法》修订，修订后的《中华人民共和国预算法》赋予了地方政府合法的举债权，允许地方政府通过发行地方政府债券来进行筹资。在《中华人民共和国预算法》修订的背景下，地方政府于 2015 年首次发行 1000 亿元的专项债券，为地方政府的公益性建设项目筹资。2015 年，财政部发布《地方政府专项债券发行管理暂行办法》（财库〔2015〕83 号），以规范地方政府专项债券的发行与管理，保护投资者的合法权益。地方政府债券作为地方政府债务融资的一种合法化渠道，正引导地方政府的债务融资朝着规范化、透明化的方向发展。

然而，2009～2014 年的地方政府债券无论是由中央财政部代发还是由试点地区自行发行都由中央实行严格的额度限制，使地方政府在债券发行方面的自主权偏低，并且由中央分配下来的债券发行额度往往并不能满足地方政府的融资需求。在这样的背景下，加上中国企业发债程序的日益简化，越来越多的地方政府寄托于城投债来弥补地方建设资金的缺口。在这一阶段，城投债发行规模直线攀升，在地方政府债务融资中显得更加重要（见图3-5）。

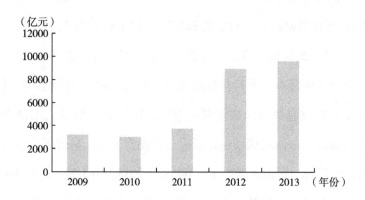

图 3-5　2009~2013 年城投债规模

资料来源：万得（Wind）资讯数据库。

　　虽然在这一阶段，中央通过《国务院关于加强地方政府融资平台公司管理有关问题的通知》（国发〔2010〕19 号）等文件来清理整顿地方政府融资平台，试图控制融资平台的举债活动与债务规模，并尝试通过地方政府债券来化解地方政府的融资需求，引导地方政府的债务融资从"地下"逐渐走向"地上"，但是这一系列的措施依然未能控制住地方政府的举债冲动，地方政府的债务规模依然保持着强劲的增长势头（见图3-1）。

　　总的来说，在深化阶段，地方政府表现出十分强烈的融资需求。地方政府融资平台在这一时期高速扩张并进入"井喷"阶段，在地方政府债务融资中扮演了更加重要的角色。地方政府融资平台的债务规模在这一阶段持续攀升，平台债务仍以政策性银行和国有商业银行的政府背景贷款为主。同时，城投债在这一阶段也得到了迅速发展，发行规模急剧膨胀，在融资平台债务中占据了更加重要的位置。

表3-4总结了历年来与地方政府债务融资相关的重要文件。

表3-4　关于地方政府债务融资的重要文件

时间	文件	相关内容
1979年8月28日	《关于基本建设投资试行贷款办法的报告》与《基本建设贷款试行条例》	试行将基建拨款改为银行贷款，贷款业务由原中国人民建设银行（现在的中国建设银行）办理
1994年3月22日	《中华人民共和国预算法》	规定地方各级预算按照量入为出、收支平衡原则编制，不列赤字，除法律和国务院另有规定外，地方政府不得发行地方政府债券
1995年6月30日	《中华人民共和国担保法》	规定国家机关不得为保证人，但经国务院批准为使用外国政府或国际经济组织贷款进行转贷的除外
1996年6月28日	《贷款通则》	规定借款人应当是工商行政管理机关（或主管机关）核准登记的企（事）业法人、其他经济组织、个体工商户或具有中华人民共和国国籍的具有完全民事行为能力的自然人
1998年8月14日	《国债转贷地方政府管理办法》（财预字〔1998〕267号）	允许国家增发一定数量的国债，通过财政部转贷给省级政府，用于地方的经济和社会发展建设项目的资金
2009年2月17日	《国务院关于安排发行2009年地方政府债券的报告》	允许地方政府发行2000亿元的地方债券，该债券由财政部代为发行
2009年3月18日	《关于进一步加强信贷结构调整促进国民经济平稳较快发展的指导意见》（银发〔2009〕92号）	允许支持有条件的地方政府组建投融资平台，发行企业债、中期票据等融资工具，拓宽中央政府投资项目的配套资金融资渠道
2009年3月19日	《2009年地方政府债券预算管理办法》（财预〔2009〕21号）	要求地方政府债券收支实行预算管理
2010年6月10日	《关于加强地方融资政府融资平台公司管理有关问题的通知》（国发〔2010〕19号）	要求按照类别清理整顿地方政府融资平台债务，同时对地方政府融资平台的融资管理和银行业等金融机构的信贷管理等进行了相应的制度性安排

续表

时间	文件	相关内容
2010 年 12 月 16 日	《关于加强融资平台贷款风险管理的指导意见》（银监发〔2010〕110号）	规定了融资平台贷款的五级分类规则和风险权重系数，以真实反映和评价融资平台的风险状况，以此为依据对融资平台进行分类管理
2011 年 10 月 17 日	《2011 年地方政府自行发债试点办法》（财库〔2011〕141号）	经国务院批准，2011 年上海市、浙江省、广东省、深圳市开展地方政府自行发债试点，试点省（市）在国务院批准的发债规模限额内，自行组织发行本省（市）政府债券的发债机制，2011 年试点省（市）政府债券由财政部代办还本付息
2013 年 6 月 25 日	《2013 年地方政府自行发债试点办法》（财库〔2013〕77号）	经国务院批准，2013 年上海市、浙江省、广东省、深圳市、江苏省、山东省开展自行发债试点
2014 年 5 月 19 日	《2014 年地方政府债券自发自还试点办法》（财库〔2014〕57号）	经国务院批准，2014 年上海、浙江、广东、深圳、江苏、山东、北京、江西、宁夏、青岛试点地方政府债券自发自还，试点地区在国务院批准的发债规模限额内，自行组织本地区政府债券发行、支付利息和偿还本金的机制
2014 年 8 月 31 日	《全国人民代表大会常务委员会关于修改〈中华人民共和国预算法〉的决定》（主席令第十二号）	经国务院批准的省、自治区、直辖市预算中必须建设投资的部分资金，可以在国务院确定的限额内，通过发行地方政府债券以举借债务的方式筹措
2014 年 9 月 21 日	《国务院关于加强地方政府性债务管理的意见》（国发〔2014〕43号）	要求加快建立规范的地方政府举债融资机制，赋予地方政府依法适度举债权限，建立规范的地方政府举债融资机制，并加强政府或有债务监管
2015 年 4 月 2 日	《地方政府专项债券发行管理暂行办法》（财库〔2015〕83号）	规定专项债券由各地按照市场化原则自发自还，遵循公开、公平、公正的原则，发行和偿还主体为地方政府

资料来源：从公开资料中整理。

第三节　中国城投债发行现状

城投债，又称为"准市政债"，指的是以地方政府融资平台作为发行主体而公开发行的企业债、中期票据以及短期融资券等，其主业多为地方基础设施建设或公益性项目。城投债起源于上海，1992 年，为筹措浦东新区建设所需的配套资金，上海市城市建设投资开发总公司成功发行了一只规模为 5 亿元的债券，成为中国历史上的第一只城投债。此后，效仿者遍布全国，城投债发行规模不断增长，中国城投债发行的序幕被正式揭开。

一、中国城投债的显著特征

在中国特殊的制度环境下，出现了城投债这一特殊的债务融资形式。一般而言，中国的城投债具有以下三个显著特征：

第一，城投债以地方政府或地方政府的机构部门设立的融资平台公司作为发债主体，所筹集的债务资金基本都用于与政府公共职能相关的基础建设行业，并且其偿债资金来源在很大程度上依赖于地方政府的财政收入或税收优惠、开发许可等政策倾斜，因此，城投债具有明显的政府行为特征，可视为中国式的市政债券。

第二，城投债在发债形式上以企业债券为主，从债券最初的立项到最后的清偿环节，都套用了企业债券的运作模式。实际上，城投债借用了企业债这一债务融资形式，来实现筹集市政建设资金这一目的。

第三，城投债将地方政府信用作为隐性担保，因此在信用级别上具有相当的优势，普遍具有较高的信用评级。

二、中国城投债的结构

首先，从债券品种上看，城投债主要包括企业债、中期票据、短期融资券以及少量的公司债、私募债等。据万得资讯数据库的数据资料，截至 2020 年底，中国地方政府融资平台累计发行城投债 13574 只，其中公司债占大多数，共有4440 只，占比达 32.71%；其次以中期票据居多，共 3340 只，占城投债发行总只数的 24.61%；企业债和定向工具发行只数同等，各有 2359 只，占比均为17.38%；短期融资券共有 1058 只，占比为 7.79%；最后，项目收益票据仅有18 只，占比仅为 0.13%，几乎可忽略不计（见图 3 - 6）。在发行余额上，截至2020 年底，地方政府融资平台所发行的城投债余额为 110563.47 亿元，其中，公司债余额为 38596.80 亿元，占比为 34.91%；中期票据余额为 30755.51 亿元，占比为 27.82%；企业债余额为 17662.96 亿元，占城投债余额的 15.98%；定向工具余额为 16179.77 亿元，占比为 14.63%；短期融资券余额为 7290.83 亿元，占比为 6.59%；项目收益票据余额仅为 77.6 亿元，占比为 0.07%。（见图 3 - 7）。

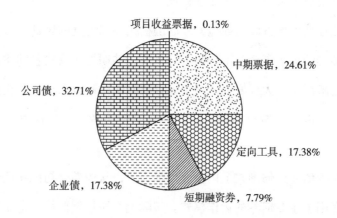

图 3 - 6 截至 2020 年底城投债发行只数结构

资料来源：万得（Wind）咨询数据库。

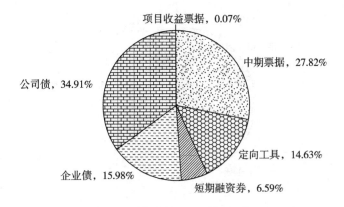

图 3 – 7　截至 2020 年底城投债余额结构

资料来源：万得（Wind）咨询数据库。

其次，从期限结构上看，大部分城投债期限为 5 ~ 7 年，只数与余额占比分别为 46% 与 48%；次之则是 3 ~ 5 年期限的城投债，只数占比为 24%，余额占比为 23%；期限为 7 ~ 10 年的城投债相对较少，只数与余额占比分别为 16% 与 15%；期限为 1 年内、1 ~ 3 年及 10 年以上的城投债只数与余额占比分别都在 5% 左右（见图 3 – 8 与图 3 – 9）。

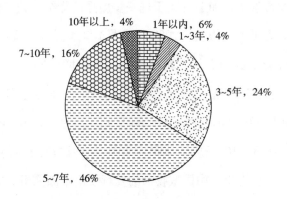

图 3 – 8　截至 2020 年底城投债期限结构（只数）

资料来源：万得（Wind）咨询数据库。

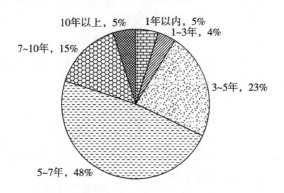

图 3 - 9　截至 2020 年底城投债期限结构（余额）

资料来源：万得（Wind）咨询数据库。

三、中国城投债的规模变化

在 2005 年之前，城投债的发行还不普遍，发行量也十分有限。2005 年后，随着企业债券发行政策的调整，债券发行门槛降低，推动了城投债发行规模的增长。根据万得（Wind）数据显示，2005 ~ 2020 年，城投债的实际发行总额平均增长率为 47.58%，表现出了较快的增长速度。2009 年之后，在宽松货币政策和积极财政政策的大背景下，加上《关于进一步加强信贷结构调整促进国民经济平稳较快发展的指导意见》（银发〔2009〕92 号）对地方政府融资平台发行企业债、中期票据等融资工具的支持，城投债进入井喷增长阶段。以 2009 年为例，该年城投债期间发行额的增长率飙升到 235.92%，债券余额也从 2008 年的 1729.50 亿元瞬间上升到 2009 年的 4459.80 亿元。2009 ~ 2020 年，城投债发行继续保持上涨态势。图 3 - 10 汇总了 2005 ~ 2020 年中国城投债的实际发行总额。从图 3 - 10 中可以明显看出，中国城投债的发行规模不断攀升，在地方政府的债务融资中扮演了重要角色，已成为地方政府不可或缺的一种债务融资形式。

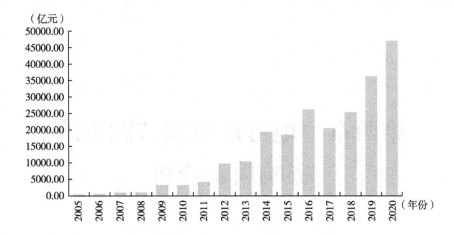

图 3－10　2005～2020 年中国城投债的规模变化

资料来源：万得（Wind）咨询数据库。

第四章　地方政府债务融资的影响因素分析

本章采用经济学的供求分析框架探讨了影响中国地方政府债务融资行为的各种因素，总结出了财政分权、晋升激励、金融与资本市场治理效率低下、金融与资本市场流动性过剩等几个重要的影响因素。此外，本章利用城投债数据，采用实证研究方法验证了这些因素对地方政府债务规模的影响。

第一节　地方政府债务融资的影响因素

虽然适度的举债符合代际公平原则，对中国经济发展也能起到积极的杠杆作用，但是中国地方政府已经明显表现出过度举债融资的势头，并且这一势头有愈演愈烈之势。那么为何中国地方政府会过度举债？究竟是哪些制度因素造成了中国地方政府债务规模的过度膨胀？

中国地方政府之所以进行债务融资，与中国的体制密不可分，体制影响着地方政府对债务的需求以及金融、资本市场对地方债务的供给，在供求双方的共同作用下，才形成了中国当前的地方政府债务融资格局及巨额的债务规模。因此，本节将借鉴经济学中的供求分析框架，从需求与供给两个方面对地方政府债务融资的影响因素进行分析。

一、需求

（一）财政分权

所谓"财政分权"，是指中央政府将部分财政权力与职能转移到地方政府，使地方政府拥有一定的自主权，从而使各级地方政府具有相对独立的财政收入与支出范围，这是处理中央与地方关系的一种财政体制。中国财政分权改革的重要里程碑是1994年的分税制改革，该改革的重点在于重新划分了中央与地方之间的财权与事权。分税制改革造就了地方政府如今所面临的宏观财政环境和当前的财政分权格局，也生成了影响地方政府债务需求的几个重要因素，从而驱动了地方政府的过度举债融资行为。为具体解释财政分权如何影响地方政府的债务融资，本部分将首先介绍中国财政分权体制的基本特征，其次再深入剖析财政分权体制将通过何种途径来影响地方政府对债务的需求。

1. 中国财政分权体制的基本特征

中国财政分权体制的基本特征主要有以下三个方面：

第一，事权划分。陶勇（2006）对中国五级政府间的职能划分进行了一定总结：除维持本级政府的运转支出外，中央政府负责国防、外交、国家项目建设、宏观调控、高等教育部署、央属企业投资、重点国企社保、央属文化事业等；省级地方政府负责省（自治区、直辖市）级重大项目基础建设和城建、所属企业的投资补贴等；市级地方政府的支出责任包括城建、基础设施建设、社会保障、教育、所属企业投资补贴等；县级地方政府承担的事权包括基础设施建设、社会保障、教育、计划生育、医疗卫生及农业支出等；乡级地方政府则主要承担农村教育与计划生育的责任。虽然陶勇（2006）的总结并非十分全面，但从中仍可看出中国各级政府间事权与支出责任划分的主要特征。首先，中国地方政府承担了大量基础公共服务支出，包括教育、医疗卫生、社会保障等在内的大部分基础公共服务支出都由市级、县级及乡级地方政府承担。其次，在政府间职能划分上存在较多的交叉与重复，同一事权不断出现在不同层级地方政府的职责上。大量事权的交叉与重复既说明政府间事权划分的模糊性，又反映出中国政府在职能划分上缺乏效率。最后，中国呈现出明显的将事权层层下放的趋势，特别是县级、乡级地方政府承担了过多的公共服务支出责任。

第二，财权划分。事权的履行必定需要适当的财权作为支持，政府间的收入分配问题是分税制改革的重点问题之一。分税制改革旨在扭转中央政府财政状况不断恶化的趋势，以它为框架而建立起来的财权划分体系具有财权不断向上集中的显著特征。中国目前将税种分为地方中央共享税、中央税与地方税，并以此为基础进行中央与地方之间的税收收入分配。在中国的几大重要税种中，中央收取了增值税、所得税、消费税的绝大部分，而地方政府除营业税外其他税种都过小，导致地方政府主体税种缺失的现象十分突出。

此外，分税制改革主要针对的是中央与省级地方政府之间的收入划分，对于省级以下的地方政府并没有明确规定，导致各层级地方政府之间的收入分配缺乏统一的规范做法。尽管不同省份对收入分配自有安排，但都同样表现出将财政收入向省级地方政府集中的趋势，中国财权划分体系的这些特征直接导致地方政府收入不足、财政压力过大。

第三，转移支付。分税制改革除对政府间的财权与事权进行划分之外，还试图通过政府间转移支付制度来平衡地方收入差距，保证地方收支均衡。基于分税制改革，中国建立起了现行的转移支付制度，将转移支付分为一般转移支付与专项转移支付两大类。中国转移支付制度的一大特征是以中央向地方的纵向转移支付为主，导致地方政府对上级转移支付的依赖度过高。此外，中国转移支付资金虽逐年递增，但资金划拨与地方的实际需求有时并不协调，弱化了转移支付在平衡地方收支方面的作用，甚至在一定程度上强化了地方间的收入差距。中国转移支付决策的透明度不高，有些决定是中央与地方之间博弈的结果，这也在一定程度上抑制了转移支付作用的有效发挥。

总之，分税制改革之后，中国地方政府承担了大量事权，却缺乏履行这些事权所需的相应财权，再加上转移支付制度的不完善，造成了中国当前财权与事权严重不匹配的财政分权格局。

2. 财政分权对地方政府债务融资需求的影响

简单地说，中国财权与事权的不匹配大大刺激了地方政府的融资需求，当地方政府的自有资金及转移支付都无法满足其支出要求时，地方政府只能采用包括举债在内的各种手段来满足资金需求，这无疑助长了地方政府的债务融资行为。加上中国式财政分权对地方政府支出规模扩张的强助推作用（傅勇和张晏，2007；龚锋和卢洪友，2009；孙琳和潘春阳，2009），中国地方政府常为满足过度膨胀的支出需求而超出合理债务规模进行过度融资举债。具体来说，财政分权对地方债务融资需求的影响主要体现在以下三个方面：

第一，公共池塘问题。著名学者奥斯特罗姆在其公共池塘理论中将公共池塘资源（Common – Pool Resources）定义为一种人们共同使用整个资源系统但分别享用资源单位的公共资源。依据这一定义，公共池塘资源具有非排他性和竞争性的双重属性。由于这些资源的特殊属性，理性的个体出于对自身利益的考虑可能引发资源使用拥挤或者资源退化的问题。在中国的财政分权体制下，转移支付资源可视为公共池塘资源，中国公式化一般转移支付的比重过小导致各地方政府所获得的转移支付数额不确定性较大。面对这样的公共池塘资源，地方政府作为理性个体往往会利用中央与地方之间的信息不对称，采用逆向选择策略来扩大可能获得的转移支付数额。地方政府为争夺转移支付资源而采用的具体策略可能包括以下两种：①为获得更多的匹配性转移支付公共资金，地方政府常通过举债来满足中央对地方匹配资金的要求；②地方政府通过大规模举债来向中央传递财政资金不足的信号，以期获得更多的转移支付资源（《中国地方债务管理研究》课题组，2011）。在第二种策略下，为争取具有更多处置权的一般转移支付，地方政府往往更倾向于针对经常性支出进行举债，这种举债完全是为获得与中央的博弈优势而进行的，违背了代际公平原则，降低了资源配置效率，是极其不合理的一种举借行为。同时，财政分权对地方自我意识的强化作用进一步加剧了中国财政体制下的公共池塘问题。地方政府基于转移支付这一公共池塘资源与中央政府进行的这种博弈在一定程度上驱动了地方政府的过度举债倾向。

第二，软预算约束问题。从本质上来看，软预算约束实际上是一个道德风险问题。该问题自从被科尔奈提出之后便被多方引用，用于解释政府行为等问题。简单来说，软预算约束指的是政府预算无法对政府行为形成强有力的约束。在中国软预算约束问题的形成过程中，财政分权体制起着主要作用。由于地方财政收入不足，对上级转移支付依赖性强，地方政府往往预期中央政府将对其债务承担兜底责任，因此，地方政府倾向于通过举债的方式来扩大有限的预算资源。此外，需注意的是，软预算约束除对地方政府的债务需求有正向影响之外，它还可能造成资金供给方基于中央兜底预期而低估借贷风险，从而造成对地方债务资金供给的增加。

第三，土地财政所带来的财富预期。中国财权与事权的不对等催生了土地财政这一特殊的融资方式。逐年高速扩张的土地出让金收入常让地方政府认为土地资产能够迅速增值。土地财政所带来的巨额收入往往使地方政府产生一种财富预期，这样的财富预期鼓励了地方政府的举债行为。此外，土地财政所带来的财富预期还将作用于地方债务的供给方，出于对土地财政收入的过度乐观预期，银行等资金供给方可能低估地方政府的偿债风险，扩大资金供给。

第四，"吃饭财政"。中国财政体制在事权的划分上将较多的支出责任交给了市级、县级地方政府，而大部分公共部门雇员也集中在省级以下地方政府，再加上这些地方政府财力往往较弱，这就导致中国地方政府，尤其是财力较弱的市级、县级地方政府，在确定支出分配时往往将满足行政性经常支出，特别是雇员薪金支出，放在其他支出需求之前，从而形成了以经常性支出为导向的地方支出结构，即"吃饭财政"问题。这种将经常性支出摆在首位的倾向一方面可能导致地方政府通过举债来弥补经常性支出的不足；另一方面地方政府将有限财力首先用于经常性行政支出，必然导致基建支出、公共服务支出等资本性支出资金的不足，地方政府很可能使用借债手段来满足这部分的支出需求。

总而言之，分税制改革确立了中国当前的财政分权格局，同时造成了财权与事权的不匹配问题。这造就了公共池塘、软预算约束以及"吃饭财政"这几个影响中国地方政府债务融资需求的重要因素。在这几大因素的共同作用下，财政分权驱动了地方政府债务融资需求的增长，造成了债务需求曲线的右移。

（二）晋升激励

在晋升激励机制下，往往以经济指标为核心，这种强激励形式导致地方官员表现出较强的政绩需求及 GDP 政绩动机（周黎安，2007；刘伟和李连发，2013）。

中国的晋升激励机制对地方政府的债务融资需求产生了深远的影响。在该模式的刺激下，地方官员具有较强的政绩需求，在可用资金不足的情况下，地方官员的政绩需求便转化成举债需求。具体来说，晋升激励机制对地方债务的影响主要体现在以下三个方面：

第一，对竞争性领域的投入。中国目前还处在从计划经济向市场经济转型的过程，政府在市场经济中的角色定位仍存在一定偏差。对地方政府而言，对竞争性领域的投入一方面可以发挥投资对 GDP 的拉动作用，促进经济增长；另一方面这类投入也有利于地方政府对关键资源的控制。因此，为更好地刺激经济增长，获得升迁优势，地方官员面对有限财力倾向于通过借债来加强对竞争性领域的投入。地方政府投资竞争性领域的常用方式之一是在竞争性领域中设立国有企业。这些国有企业由于地方政府的隐性担保借贷相对容易，且融资成本相对偏低，这很容易造成地方政府或有债务的扩张。此外，地方政府对竞争性领域的介入将对私人资本产生挤出效应，在一定程度上影响市场机制作用的发挥。

第二，公益性资本债务。即使是符合代际公平与经济效率原则的地方政府公益性资本投资，在中国晋升激励机制的刺激下，也存在过度举债的问题。公益性资本债务主要用于可长期使用、需大量投资的公共基础设施项目建设。一方面，对基础设施的完善可优化当地的投资环境，对地方招商引资具有良好的促进作用，进而可推动当地经济的发展；另一方面，这些项目投入往往能带动相关产业的发展，产生投资乘数效应，促进经济的快速发展。

第三，债务资金使用与归还脱节。中国的官员晋升制度实行任期制，官员的一届任期一般为 5 年。如果不能在任期内做出绩效获得升迁，那么官员也就失去了进一步晋升的机会。这种任期制可能会造成债务资金使用与归还的脱节。地方政府债务一般都是长期债务，还款期限长于地方官员任期，导致使用与偿还债务资金的往往并不是同一届地方政府，因此地方官员会忽略地方的实际偿债能力而过度融资举债。

财政分权与晋升激励对地方政府债务融资的影响机制恰恰契合于 Polackova（1998）所提出的财政机会主义分析框架。财政机会主义指政府在短期面临财政赤字和政治压力的环境时，政策制定者往往有通过预算外政策过度积累或有财政风险的偏好（Polackova，1998）。财权与事权的不平衡造成了地方政府的财政赤字，在两者的共同作用下，中国地方官员有着较强的财政机会主义动机。

（三）其他

除财政分权与晋升激励这两大制度性影响因素外，其他因素也在一定程度上助长了地方政府的债务融资需求。中国高速的城市化进程使地方政府需要在短期内为大量涌入城市的居民提供相应的基础设施与公共服务，这一投资需求难以从地方财政收入中得到满足，使地方政府产生了债务融资需求。在中国财政约束与市场约束均不足的情况下，由城市化进程驱动的地方政府债务融资行为也极可能存在过度举债的问题。

中国 2008 年末实施的"四万亿"经济刺激计划在有效稳定中国经济的同时，也在一定程度上推动了地方政府的债务融资需求。"四万亿"投资的 70% 由地方政府负责筹集，这对本就拮据的地方政府而言无异于雪上加霜，增加地方政府的债务融资需求。同时，对地方政府而言，中央政府的一万亿投资相当于一种特殊的匹配型转移支付，这就又导致了公共池塘问题（《中国地方债务管理研究》课题组，2011）。为争夺公共池塘资源，地方政府在资本市场中积极筹资，融资平台如雨后春笋般大量涌现，地方债务规模也以前所未有的速度急剧攀升。

二、供给

地方债务资金的供给源于金融与资本市场，中国金融业的成熟程度直接影响着地方政府的债务融资。改革开放以来，中国金融与资本市场发展快速，市场规模不断扩大，投资需求较大，但是相关体制仍有许多不健全之处，中国资本市场及金融体制对地方债务资金供给的影响主要体现在两个方面。

（一）治理效率低下

首先，中国金融市场的风险控制机制仍不成熟，尤其是银行业，很多银行对贷款缺乏良好的风险评估与监管。其次，由于政府与市场的关系定位不清，金融机构的决策难以独立于地方政府的行政干扰。这些因素共同造成了中国金融与资本市场的治理效率低下，导致金融市场无法有效遏制地方政府的过度举债行为，甚至在一定程度上助长了地方债务规模的扩张。

（二）流动性过剩

近年来，中国金融和资本市场资金充裕，债券与股票市场也发展迅速，再加上宽松货币政策的影响，中国金融市场流动性过剩，这使投资者不断寻找各种投资机会，刺激了银行向地方政府或其控制的融资平台提供大额贷款以及城投债的大量发行，导致地方政府的一些不合理债务需求得以满足。同时，过剩的流动性也降低了投资者对投资风险的敏感性，造成地方债务供给曲线不但右移而且变得更加平坦。

本书将地方政府债务融资的影响因素总结于图 4 - 1。综上所述，在地方债务需求与供给两方面因素的交织作用下，地方政府的债务融资需求过度膨胀并得以在金融与资本市场中获得满足，造成地方债务需求与供给曲线的同时右移，并且供给曲线变得更加平坦，最终导致了中国地方政府债务规模的过度膨胀，隐藏了债务风险。

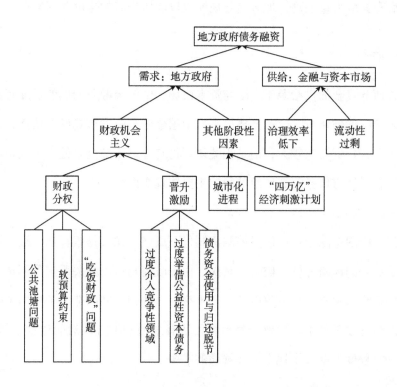

图 4 - 1　地方政府债务融资供求机制结构

资料来源：笔者绘制。

第二节 实证分析

基于经济学的供求分析框架，上一节从理论角度剖析了财政分权、晋升激励与金融市场这几大制度性因素对地方政府债务规模的影响。由于相关数据的匮乏，目前鲜有实证研究来验证这些因素对地方债务的作用，为克服现有研究的这一缺陷，并为以上理论分析提供经验证据，本书试图在地方债领域进行实证研究。

我国目前并没有对各地方政府总体债务规模的统一口径统计数据，这给以数据为基础的实证研究带来了困难。数据问题的解决有两条思路：一是对地方政府债务规模进行估计，以估计的数据为基础进行实证研究；二是选取公开可得的可靠数据作为地方政府债务规模数据的替代。进行实证研究首先必须保证的是输入数据的质量，否则在此基础上得出的结论必定缺乏可信度与说服力。为保证原始数据的可靠性与完整性，本书选取第二种思路，寻找替代变量来代替地方政府的总体债务规模。

审计署 2013 年第 24 号审计公告显示，2012 年融资平台债务较 2010 年增长 22.50%，其占 2012 年底地方政府性债务余额的比重（45.67%）稳居第一。可见，融资平台已成为地方政府债务融资主要的举借主体。然而，融资平台的债务数据也并不完整，虽然融资平台债务中银行贷款占比最大，但是各融资平台的贷款数据统计并不全面，也有些并未公开，唯一有公开数据来源且统计最全面的便是城投债数据。因此，本书选取城投债作为实证研究的切入点，利用城投债数据来探析各制度性因素对地方政府债务规模的影响。

这种方式最大的争议在于城投债数据是否能够在一定程度上代表地方债。由于相关数据的缺失，本书只能采用城投债数据。虽然城投债在地方政府债务中的占比并不算高，却是地方政府举债融资的一种重要渠道。从地方政府的债务资金构成上来看，银行贷款与债券发行是地方政府主要的债务资金来源，分别占2010年底地方政府性债务余额的79.01%和7.06%，位列第一、第二。到2012年，债券发行所占比重提升至12.06%，与2010年相比增长比率高达70.82%。虽然与银行贷款相比，债券发行显得比重轻微，但其迅猛的增长势头不容忽视，在地方政府的债务融资中显得愈加重要。而在地方政府的债券发行中，城投债占据了绝对的主导地位①。

从地方政府的融资渠道上来看，近年来，一方面，银行信贷风险控制不断加强，导致地方政府通过融资平台从银行借款的难度大增；另一方面，地方政府债券的发行虽已开闸，但额度管控严格，使地方政府缺乏相应的自主权，而中国债券市场的不断发展为城投债的发行提供了更多便利条件。与此同时，原银监会下发的《关于加强2013年地方政府融资平台贷款风险监管的指导意见》基本关闭了融资平台获得贷款"输血"的通道，使城投债成为平台融资的少数可行渠道。在这样的背景下，城投债在地方政府各种融资渠道中的重要性不断上升，发行规模也与日俱增，从2002年的393亿元激增到2012年的约2万亿元，占融资平台债务与地方政府债务的比重也愈加突出②。

综上所述，城投债在地方债中的重要性与代表性毋庸置疑。作为地方政府债务中一个重要和突出的组成部分，以小见大，基于城投债数据的实证研究仍然可以加深人们对地方政府债务融资行为的认识。

一、研究假设

在前一节的理论分析中，中国金融市场过剩的流动性被认为是影响地方债务供给的因素之一。在实证研究中，对流动性过剩的测度往往离不开广义货币供给

---

① 资料来源：审计署发布的审计公告，包括2011年第35号审计公告和2013年第24号审计公告。
② 资料来源：万得（Wind）资讯数据库。

量（M2），常用衡量指标包括货币供给量增长速度、马歇尔 K 值（M2/GDP）等（孔艳丽等，2007；张霖森和杨洋，2009）。考虑流动性过剩实质上是货币需求与供给之间的一种失衡关系，裴平和黄余送（2008）首先确定适度的货币供给增长率并将其与实际货币供给增长率相比较，然后将两者的差额作为对流动性过剩程度的衡量。然而，无论采用哪种方法，都只能构建流动性过剩的时间序列数据，这一数据结构并不适用于本书将采用的省级面板数据及双向固定效应估计模型。因此，本书暂不检验金融业流动性过剩对城投债规模的影响。

基于前一节的理论分析，本书提出假设 H1～假设 H3。

H1：在其他条件不变的情况下，财政分权度对地方政府融资平台所发行的城投债规模具有正向影响。

H2：在其他条件不变的情况下，晋升激励强度对地方政府融资平台所发行的城投债规模具有正向影响。

H3：在其他条件不变的情况下，金融市场治理水平对地方政府融资平台所发行的城投债规模具有负向影响。

二、研究设计

（一）样本选取与数据来源

本书以 2008～2018 年作为测试年度，构建了相应的省级面板数据，其中包括我国除西藏、香港、澳门和台湾以外的 30 个省区市。西藏由于尚未发行城投债而被剔除。由于体制的不同，香港、澳门和台湾也被排除在外。其中，城投债数据来自万得（Wind）资讯数据库，关于金融治理水平的数据来自樊纲等著的《中国市场化指数》一书，其他数据均来自中国经济数据库（CEIC）。之所以将 2002 年作为测试年度的起点，是因为万得（Wind）资讯数据库中的城投债数据是从 2002 年开始的。为消除通货膨胀的影响，本书以 2008 年为基年，利用各省区市的 CPI 指数将所有价值型变量的取值转化为实际价值。

（二）计量模型

根据上述分析及研究思路，本书构建了计量模型（1）：

$$Amount_{it} = \alpha_0 + \alpha_1 \times FD_{it} + \alpha_2 \times COM_{it} + \alpha_3 \times FINANCE_{it} + \varphi \times X_{it} + \delta_i + \mu_t + \varepsilon_{it}$$

$$(4-1)$$

式中，$Amount_{it}$ 表示人均城投债规模；FD_{it}、COM_{it} 和 $FINANCE_{it}$ 分别表示测度财政分权、晋升激励及中国金融与资本市场治理水平；X_{it} 表示各个控制变量，具体内容将在后面详细说明；δ_i 和 μ_t 分别表示非观测的地区和时间特定效应；ε_{it} 为模型的误差项，表示其他可能起作用但并未被模型捕捉到的因素；i 表示地区，t 表示时间（陈菁和李建发，2015）。

（三）变量的选取与度量

1. 城投债规模的测度

为剔除人口规模的影响，本书将各省区市融资平台当年发行的城投债数额进行人均化处理，并对人均城投债规模取对数以避免异方差问题①。

$Amount = \ln$（各省区市融资平台当年发行的城投债总额/各省区市人口总数）。

2. 财政分权的测度

对财政分权度的可靠度量是进行经验检验的重要前提条件。在现有文献中，主要有两种关于财政分权的度量方法。一种是采用财政收支指标，即用下级政府的财政收支份额来刻画财政分权度（张晏和龚六堂，2005；沈坤荣和付文林，2005；龚汝凯，2012）；另一种是采用自有收入的边际分成率（林毅夫和刘志强，2000）。虽然第二种方法有所创新，但它无法准确测量各省区市在分权程度上的差异及跨时变化，并不适用于衡量分税制改革之后的央地财政关系（陈硕和高琳，2012）。因此，本书采用第一种方法来度量财政分权。

---

① 考虑省级融资平台数目偏少，发债规模有限，对地方政府债务规模的代表性较差（据审计署 2011 年第 35 号审计公告，截至 2010 年底，在全国的 6576 家融资平台中省级平台仅有 165 家，其债务规模仅占地方政府性债务余额的 17.76%），以及省级地方政府融资需求层层下放的特点，本书在计量省级城投债规模时采用的是省区市区域内各层级（省、市、县、乡）融资平台所发行的城投债总额。

在第一种方法下，财政分权指标常细分为收入指标与支出指标。基于研究目的，并考虑人口规模的影响，本书将采用人均化的财政支出指标来度量财政分权，同时还将构建人均财政收入指标来对实证结果的稳健性进行检验。

在中国国情下，对财政分权的衡量不得不考虑对预算外收支与转移支付的处理。自 20 世纪 80 年代起，中国地方政府预算外资金开始急剧膨胀，其占总收支的比重日渐上升。20 世纪 90 年代之后，中央曾多次调整预算外资金管理制度，并提升了地方预算外资金的比重（张晏和龚六堂，2005）。若只采用预算内资金来衡量财政分权，极可能低估各地区的财政分权程度。除预算外资金，另一不容忽视的问题是中国近年来制度外资金大幅上涨，各地区的实际分权程度可能远高于用财政收支指标所衡量的分权程度。然而，由于缺乏制度外收支数据，本书只能采用包含预算外收支的总财政收支指标来刻画财政分权。

自分税制改革之后，中国逐步建立了以财力性转移支付和专项转移支付为主的转移支付制度。对于这两类转移支付，Oates（1972）曾指出专项转移支付的权利属于授予方，即中央政府；然而财力性转移支付的权利属于承担支出的政府，即地方政府。因此，严格来说，在应用财政支出指标来衡量财政分权时，应对这两类转移支付分开处理。当中央转移支付是专项转移支付时，所计算的支出指标应剔除该部分的转移支付；当中央转移支付是财力性转移支付时，所计算的支出指标应包含该部分的转移支付。然而，由于现有数据的局限性，本书无法对财政分权指标做出如此细致的处理。根据对转移支付的不同处理，并参考张晏和龚六堂（2005）、沈坤荣和付文林（2005）、傅勇和张晏（2007）等对财政分权的测度，本书设计了以下四个指标：

（1）总财政支出指标（FD_ EXP）。FD_ EXP = 人均地方政府本年财政支出/人均中央政府本年财政支出。该指标将两类转移支付都包括在内，未剔除其中的专项转移支付。由于相对不发达地区的专项转移支付比重相对较高，该指标可能高估相对不发达地区的财政分权程度。

（2）扣除转移支付的净财政支出指标（FD_ NET）。FD_ NET =（人均地方政府本年财政支出 – 人均转移支付）/人均中央政府本年财政支出。该指标剔除了本应包含在内的财力性转移支付，鉴于发达地区的财力性转移支付所占比重相对更高，该指标可能低估了发达地区的财政分权程度。

（3）财政支出加权平均指标（FD_ AVG）。FD_ AVG =（FD_ EXP + FD_ NET）/2。为克服 FD_ EXP 和 FD_ NET 的上述缺陷，本书构建了两者的加权平均指标，并将该指标作为本书衡量财政分权的主指标。

（4）总财政收入指标（FD_ REV）。FD_ REV = 人均地方政府本年财政收入/人均中央政府本年财政收入。该指标主要用于结论的稳健性检验。分税制改革之后，中央财权上收，地方收入骤减，该指标可能低估中国的财政分权水平。

财政分权有着多个不同的维度，很难用单一的指标加以衡量，因此本书在数据允许的情况下尽可能用多个指标来刻画财政分权，并应用多个指标对假设进行检验，以增加研究结论的可靠性。

3. 晋升激励的测度

目前文献中，对晋升激励并没有统一的测度方法。傅勇和张晏（2007）利用各地区外资企业的相对实际税率来衡量地方政府间的竞争程度。方红生和张军（2009）设计了以土地出让均价为基础的政府竞争指标。吴群和李永乐（2010）采用各省区市人均实际利用外商直接投资额来刻画地方政府竞争。王斌和高波（2011）用房地产投资占全社会固定资产投资比例来度量晋升激励。钱先航等（2011）则构造了一个以 GDP 增长率、财政盈余与失业率为基础的官员晋升激励指数。朱英姿和许丹（2013）在衡量晋升激励时沿用了钱先航等（2011）的方法。

出于对研究目的的考虑，并借鉴钱先航等（2011）及朱英姿和许丹（2013）的研究，本书从 GDP 增长率、财政盈余与失业率这三个方面来考察地方官员的晋升激励程度。其中财政盈余的计算方法为（地方财政收入 – 地方财政支出）/地方财政收入，失业率 = 城镇登记失业人口数/（城镇登记失业人口数 + 城镇登记从业人口数)。考虑中国晋升制度的特点,钱先航等(2011)将样本城市分为普通城市、副省级城市及直辖市,并计算上述三个指标在这三类城市中的加权平均数。然而,本书采用的是省级面板数据,无法按照城市的分类来计算各指标的加权平均数。

在中国的官员考核与晋升制度下,为了增强激励效果,上级在考核下级官员时往往采用相对绩效评估方式,与邻近省区市的比较便是常用的评估方式之一(周黎安,2007;王叙果等,2012)。基于中国的这种特点,本书按照地理分区将中国分为七大地区,即华东、华南、华北、华中、西南、西北和东北地区①。针对各个地区,本书以其所包含的各省区市的人均GDP为权重分别计算GDP增长率、财政盈余与失业率的加权平均数。将计算出的各地区加权平均指标与该地区所包括的各省区市的对应指标分别进行比较:当某省区市的GDP增长率或财政盈余小于其所在地区的加权平均值时,则赋值为1,反之,则赋值为0;当某省区市的失业率大于其所在地区的加权平均值时,则赋值为1,反之,则赋值为0。将上述三个得分加总即可得到晋升激励指标(COM),该指标的取值范围在0~3,分值越高代表晋升激励程度越大。同时,由于地方政府对晋升激励的反应具有一定的滞后性,为避免内生性问题,本书将滞后一期的该指标作为计量模型的解释变量。

4. 金融与资本市场治理水平的测度

中国金融业治理水平低下的一个重要表现是政府与市场之间关系定位不清,金融机构的决策难以独立于地方政府的行政干扰,地方官员常通过行政手段来影响金融机构的资金流向。鉴于这一特点,本书借鉴李涛和徐昕(2005)、朱红军等(2006)及解维敏和方红星(2011)的做法,采用樊纲等(2011)构造的金

---

① 华东地区包括江苏、浙江、福建、上海、安徽、江西和山东;华南地区包括广东、广西和海南;华北地区包括北京、天津、河北、山西和内蒙古;华中地区包括河南、湖北和湖南;东北地区包括辽宁、吉林和黑龙江;西南地区包括重庆、四川、贵州、云南和西藏;西北地区包括陕西、甘肃、青海、宁夏和新疆。

融市场化指标来衡量中国各省区市的金融业治理水平。樊纲等（2011）设计的金融市场化指标是要素市场发育程度下的一个二级指标，从金融业的竞争与信贷资金分配的市场化两个方面来衡量中国各省区市的金融市场化程度。金融市场化指标取值越大，代表金融业治理水平越高。

5. 控制变量的选取

基于研究设计，并参考相关文献，本书将城市化进程（URBAN）、人均固定资产投资（INV）、人均转移支付（TP）、人均财政缺口（GAP）、人口密度（POPDEN）以及人均地方政府债券收入（BOND_REV）作为模型的控制变量。

中国高速的城市化进程在一定程度上刺激了地方政府的债务需求，预计对城投债规模存在正向影响。参照龚汝凯（2012）的方法，本书用各省区市城镇人口与年末总人口的比值来测量城市化水平。人均固定资产投资在一定程度上代表了地方政府的投资需求，预期将刺激城投债的增长。就地方政府而言，如果拥有高额的中央转移支付，那么该政府发行城投债的动机可能大大降低。然而，当地方政府有着巨额财政缺口时，可能不得不通过发行城投债来缓解资金压力。一般来说，人口密度越大的省区市事权相应更多，然而地方政府资金不足已是中国普遍存在的现象，因此，人口密度越大的省区市越可能通过发行城投债来完成相应的事权。最后，为控制地方政府的其他债务可能对城投债发行产生的影响，本书加入人均地方政府债券收入作为模型的控制变量[①]。同为地方政府的债务来源，人均地方政府债券收入与人均城投债规模可能存在此消彼长的关系。各变量含义如表4-1所示。

表4-1　变量含义

变量	表示	定义
人均城投债规模（元）	AMOUNT	ln（地方政府融资平台当年发行的城投债数额/年末总人口数）

[①] 由于《中华人民共和国预算法》规定地方政府需做到收支平衡，地方政府的贷款收入往往游离在预算之外，难以获得权威的统计数据。鉴于此，笔者未将地方政府贷款收入作为模型的控制变量。

续表

变量	表示	定义
财政分权指标（%）		
总财政支出指标	FD_ EXP	人均地方政府本年财政支出/人均中央政府本年财政支出
扣除转移支付的净财政支出指标	FD_ NET	（人均地方政府本年财政支出 - 人均转移支付）/人均中央政府本年财政支出
财政支出加权平均指标	FD_ AVG	（总财政支出指标 + 扣除转移支付的净财政支出指标）/2
总财政收入指标	FD_ REV	人均地方政府本年财政收入/人均中央政府本年财政收入
晋升激励指标	COM	在 GDP 增长率、财政盈余与失业率的基础上构造的官员晋升激励指数
金融业治理水平指标	FINANCE	樊纲等（2011）构造的金融市场化指标
城市化水平（%）	URBAN	城镇人口数/年末总人口数
人均固定资产投资（元）	INV	ln（固定资产投资额/年末总人口数）
人均转移支付（元）	TP	ln（财政转移支付额/年末总人口数）
人均财政缺口（元）	GAP	ln［（地方政府本年财政支出 - 地方政府本年财政收入）/年末总人口数］
人口密度（人/平方千米）	POPDEN	年末总人口数/面积
人均地方政府债券收入（元）	BOND_ REV	ln（各省区市当年地方政府债券收入/年末人口总数）[①]

三、回归分析

（一）描述性统计

如表 4 - 2 所示，2008～2018 年，取对数之后的人均实际城投债规模均值为 4.5384，标准差为 1.2716，表明不同省区市所发行的城投债规模存在一定差异。人均实际城投债规模取对数之后的最大值为 7.8340，对应为北京市在 2009 年所发行的城投债。在前一章对中国城投债现状的分析中，本书已指出 2009 年是城

---

① 由于人均固定资产投资（INV）、人均转移支付（TP）、人均财政缺口（GAP）以及人均地方政府债券收入（BOND_ REV）的标准差极大（std. dev. of INV = 7640.2425；std. dev. of TP = 1954.1205；std. dev. of GAP = 1999.4919；std. dev. of BOND_ REV = 93.9311），为避免异方差问题，并从经济含义的角度加以考量，本书对这四个变量取对数之后再进行计量模型的回归。

投债增长最迅速的一年,该年的城投债期间发行额是前一年的 3 倍多。北京作为首都,其城投债规模在我国一直名列前茅。2009 年北京一共发行了 14 只城投债,期间发行额高达 516.00 亿元。人均实际城投债规模取对数之后的最小值为 0.9621,对应为四川省在 2007 年所发行的一只金额为 2.50 亿元的企业债券①。

表 4 - 2　描述性统计

变量	观测值数目	均值	中位数	标准差	最小值	最大值
AMOUNT	242	4.5384	4.1171	1.2716	0.9621	7.8340
FD_AVG	310	0.7358	0.5651	0.5287	0.2808	3.1060
FD_EXP	330	0.9937	0.7928	0.6259	0.3812	3.5336
FD_NET	310	0.4793	0.3018	0.4974	−0.1096	2.7351
FD_REV	330	0.5556	0.3408	0.5686	0.1754	3.2093
COM	310	1.5871	2.0000	0.9122	0.0000	3.0000
FINANCE	248	7.4423	7.4250	2.5651	0.7300	12.8400
URBAN	310	0.3347	0.3127	0.1155	0.1385	0.6078
INV	330	9.0605	9.1317	0.7342	7.3499	10.6804
TP	310	7.1917	7.1750	0.7234	5.7407	9.8239
GAP	330	7.1591	7.1081	0.7971	5.5987	9.8079
POPDEN	330	424.1399	273.0125	634.9861	2.2250	4104.1380
BOND_REV	280	3.2520	3.0993	1.7457	0.2380	6.5506

各财政分权指标在均值上存在明显差别,但各指标之间的相关性较高,相关系数都为正且远大于 0.5(见表 4 - 3)。晋升激励指标均值为 1.5871,中位数为 2.0000,说明中国地方官方的晋升激励程度平均较高。在金融业治理方面,中国平均水平不高,指标均值为 7.4423,其标准差为 2.5651,表明各省区市在治理水平上存在差异。

---

① 资料来源:万得(Wind)数据库。

表4-3 各财政分权指标的相关系数矩阵

	FD_ EXP	FD_ NET	FD_ AVG	FD_ REV
FD_ EXP	1.0000	—	—	—
FD_ NET	0.7142	1.0000	—	—
FD_ AVG	0.9442	0.9049	1.0000	—
FD_ REV	0.7394	0.9921	0.9165	1.0000

(二) 回归结果①

本书采用固定效应模型对方程进行估计, 原因有二: 一是 F 检验的 p 值为 0.0000, 表明在 1% 的显著性水平下拒绝混合估计模型; 二是 Hausman 检验的 p 值也为 0.0000, 表明在 1% 的显著性水平下拒绝随机效应模型。由于城投债规模可能受到地区和年份固定效应的双重影响, 本书采用双向固定效应模型进行估计。

为增强估计结果的可靠性, 模型 1 ~ 模型 3 分别采用不同的支出分权指标进行估计。在模型 1 ~ 模型 3 中, 财政分权指标的回归系数都在 1% 或 5% 的统计性水平下显著为正, 说明在控制了其他变量的情况下, 财政分权度越高, 人均城投债发行量也越大。根据回归结果, 三个支出分权指标的回归系数略有差异。以财政支出加权平均指标 (FD_ AVG) 为例, 该指标每上升一个单位, 人均城投债发行规模将增长 147.62%。晋升激励指标 (COM) 在模型 1 ~ 模型 3 中都通过了 10% 的显著性检验, 且回归系数大小都基本一致。如表 4 - 4 所示, 当晋升激励

① 为避免伪回归问题, 本书在模型回归之前进行了单位根及协整检验。结果表明, 所有变量均为一阶平稳序列, 且在 1% 的显著性水平下至少存在一个协整关系。基于内生性问题的考虑, 本书还采用格兰杰检验来验证人均城投债规模与财政分权之间的因果关系。检验结果表明, 当原假设为城投债规模不影响财政分权 (FD_ AVG) 时, p 值为 0.8975, 无法拒绝原假设, 即城投债规模不是财政分权的格兰杰因; 当原假设为财政分权 (FD_ AVG) 不影响城投债规模时, p 值为 0.0031, 可在 1% 的显著性水平下拒绝原假设, 即财政分权是城投债规模的格兰杰因。当使用其他财政分权指标时, 检验结果并没有显著差异。鉴于篇幅有限, 便不做过多汇报。为避免多重共线性问题, 本书还在回归分析之前采用方差膨胀因子法对方程进行多重共线性检验, 发现所有变量的方差膨胀因子都较小, 说明回归模型不存在严重的多重共线性问题。

指数上升一个单位时，人均城投债规模将上升约50.00%。金融业治理水平指标（FINANCE）也在模型中通过了10%的显著性检验。与H3相符，在控制其他变量不变的条件下，金融业治理水平与人均城投债规模显著负相关。根据表4-4的回归结果，金融业治理水平指标每提高一个单位，人均城投债规模将增加约9%。

表4-4　计量模型（1）的回归结果

解释变量	模型1	模型2	模型3
常规项	9.8756* (1.8324)	11.6085** (2.1196)	7.7253 (1.3976)
FD_AVG	1.4762*** (2.5766)	—	—
FD_EXP	—	1.0454** (2.0181)	—
FD_NET	—	—	1.6805*** (2.7375)
COM	0.4976* (1.8457)	0.4946* (1.7972)	0.4969* (1.8162)
FINANCE	-0.0927* (-1.7946)	-0.1017* (-1.8843)	-0.0874* (-1.7542)
URBAN	-4.0318*** (-2.7896)	-3.9923*** (-2.7164)	-3.9862*** (-2.8410)
INV	0.7848 (0.1950)	0.6566 (0.5936)	0.7692 (0.1590)
TP	0.6699 (0.9262)	0.7287 (0.1729)	0.9110 (1.6248)
GAP	-0.2818*** (-3.2042)	-0.1729*** (-3.1325)	-0.3897*** (-3.2619)
POPDEN	-0.0002 (-0.0712)	-0.0007 (-0.2110)	-0.0006 (-0.1991)
BOND_REV	-0.1547 (-0.8986)	-0.1645 (-0.9337)	-0.1349 (-0.7991)

续表

解释变量	模型 1	模型 2	模型 3
地区固定效应	有	有	有
年份固定效应	有	有	有
观测值	178	178	178
调整后的 R^2	0.8131	0.8136	0.8134

注：括号中是经过怀特异方差校正的 t 统计量，符号 * 、 ** 、 *** 分别表示在10%、5%和1%的显著性水平下显著。

与预期不符的是，控制变量城市化水平（URBAN）的回归系数在三个模型中都显著为负。从理论上来说，城市化进程的加快将提高城市居民对基础设施及公共服务的需求，为满足当地居民需求，地方政府的投资需求必然增长。当可用资金与投资需求难以匹配时，面对巨大的资金压力，地方政府将产生债务融资需求，极可能出现过度融资举债的现象。然而，根据模型的回归结果，城市化水平却与人均城投债规模呈现出显著的负相关关系。这可能是一方面与本书对城市化水平的衡量方式有关，城镇人口占总人口的比重毕竟只是城市化的一个方面，以此来衡量城市化进程可能并不全面；另一方面本书模型中的被解释变量为人均城投债规模，城镇人口的增加可能带来地方城投债总量的上升，但是当城镇人口的上升速度高于城投债总量的上升速度时，人均城投债规模便可能呈现下降的趋势。控制变量人均财政缺口（GAP）的回归系数也与预期相悖，在模型 1～模型 3 中，该变量都对人均城投债规模呈现出显著的负向影响，这可能与发行城投债的客观条件有关，中国财政缺口较大的省份多在西部，而中国西部地区往往经济发展水平较低，财政收入偏低，金融理念、发债经验以及知识储量等相对落后，这些都导致中国西部省份发行城投债的条件欠成熟。此外，从审批角度来看，与中国经济发达的东部地区相比，西部地区城投债审批通过的难度明显更大。

（三）稳健性检验

为避免异常值的不良影响，本书对各变量进行缩尾处理，将各变量处于 5%～

95%以外的极值样本进行 Winsorize 处理，并对处理后的数据再次进行回归分析，结果与之前一致。

除对异常值的处理外，本书还构建了人均财政收入指标来进行稳健性检验。如表4-5所示，FD_ REV、COM 及 FINANCE 的回归系数依然显著，且符号与假设相符。具体来看，当收入分权指标（FD_ REV）上升一个单位时，人均城投债规模会提升48.23%；当晋升激励指标（COM）上升一个单位时，人均城投债规模会提升28.96%；当金融业治理水平指标（FINANCE）上升一个单位时，人均城投债规模会降低11.65%。

表4-5　稳健性检验结果

解释变量	模型5
常规项	7.2106
	(1.4002)
FD_ REV	0.4823***
	(2.6096)
COM	0.2896*
	(1.7456)
FINANCE	-0.1165*
	(-1.8066)
URBAN	-3.0871***
	(-2.5936)
INV	0.7189
	(0.5270)
TP	0.6880
	(0.9623)
GAP	-0.6564***
	(-2.7870)
POPDEN	0.0008
	(0.2710)
BOND_ REV	-0.0802
	(-0.4884)

续表

解释变量	模型5
地区固定效应	有
年份固定效应	有
观测值	178
调整后的 R^2	0.8134

注：括号中是经过怀特异方差校正的 t 统计量，符号 *、**、*** 分别表示在10%、5%和1%的显著性水平下显著。

值得一提的是，人均财政收入指标在一定程度上反映了地方政府在收入方面的自主权，这也是财政分权的一个重要方面，与支出类指标一样，该指标越高，代表分权程度越高。地方政府资金不足在中国已是一种普遍现象，哪怕某个地方政府的收入分权程度较高，拥有较高的收入自主权，它依然会存在财政缺口，依然有动力通过发行城投债来筹集资金。收入分权程度较高的省区市往往财政收入更高，经济发展水平更高，发债经验及知识储量等更充分，这些省区市通常更有实力发行城投债，且更易通过各种审批程序。因此，在控制其他因素不变的条件下，人均财政收入指标会对人均城投债规模呈现显著的正向影响。

四、小结

鉴于城投债在地方政府债务中的代表性及其数据的可获得性，本节立足于城投债视角，通过构建2002～2012年的省级面板数据验证了财政分权、晋升激励及金融业治理水平对地方政府城投债规模的影响。回归结果表明，在其他因素不变的条件下，财政分权与晋升激励对人均城投债规模存在正向推动作用，而金融业治理水平可在一定程度上抑制城投债的过度膨胀。虽然迫于数据方面的限制，本节的实证分析采用的是城投债数据而非地方债务总量数据，但是城投债作为地方政府债务中一个突出和重要的组成部分，以其数据为基础的实证分析对地方政府债务融资的影响因素研究定然具有重要的启示意义。

第五章　地方政府债务融资的经济效应分析

在财政分权、金融与资本市场等因素的作用下，中国地方政府热衷于过度融资举债，以致形成了如今庞大的地方债务规模。地方政府的债务融资行为虽然存在一定的积极效应，但也蕴含着较大的风险，其影响并不局限于某一特定领域，而是具有明显的扩散性，对中国经济的影响尤为突出。因此，本章将从经济效应出发，通过理论分析与实证探索相结合的方式来探析中国地方政府债务融资的经济效应。

地方政府债务融资对中国经济的影响是双重的：在短期内，一定的债务融资可以对地方经济发展起到积极的杠杆作用。从长远来看，地方政府的过度融资举债势必对经济发展产生不利影响。

第一节　正面效应

在经济增长理论中，投资被认为是决定产出增长的关键要素之一。一般而言，投资分为公共投资与私人投资。公共投资一般被界定为由中央和地方政府投资而形成的固定资本（刘国亮，2002）。Holtz－Eakin（1994）将公共投资按用途分为四类，分别是道路及高速公路投资、水利及污水处理设施投资、公用事业投资、教育投资，其中前三类又可合并称为基础设施类投资。根据审计署 2013年第 32 号审计公告，截至 2013 年 6 月底，在地方政府负有偿还责任的债务中，用于市政建设、交通运输等基础性、公益性项目的支出占比高达 86.77%。可见，绝大部分地方债务都用于基础设施建设等公共投资领域，具有明显的生产性特征。

关于公共投资对经济增长的作用国外学者早有深入研究。Arrow 和 Kurz（1970）、Barro（1990）、Turnovsky 和 Fisher（1995）等在不同的理论框架下分析了公共投资与经济增长之间的关系，都认为公共投资可在一定程度上促进经济增长。公共投资对经济增长的积极影响在实证研究中也得到了广泛印证。Aschauer（1989）利用生产函数法验证了公共投资对经济发展的正向影响。Barro（1991）依据内生经济增长模型、利用横截面回归得出了公共投资与民间投资、经济增长都显著正相关的结论。Etsuro（2001）采用美国与日本的相关数据进行研究，其结论表明公共投资中的基础设施投资对经济增长的促进作用在美国与日本均成立。

在中国经济高速增长的背景下，中国学者也开始关注公共投资在中国经济腾飞中所扮演的角色。刘国亮（2002）发现，公共投资比非公共投资的产出弹性更大，并且在公共投资中，基础设施投资和科学研究及技术服务项目对中国经济增长的作用尤为明显。张海星（2004）利用中国 1980～2002 年的数据发现公共物质资本投资、公共人力资本投资及 R&D 投资都对经济增长具有显著的正向影响。于长革（2006）采用不同时间段的数据也得出了公共投资有利于经济增长的结论。

具体来说，公共投资对中国经济发展的积极意义主要体现在以下四个方面：

第一，公共投资的许多领域都具有典型的正外部效应及乘数效应，可带动大批相关产业的发展，对私人投资效率的提高及整个国民经济的发展都存在有益的杠杆作用。最为突出的是基础设施建设投资，它可带动水泥、钢铁、建筑等相关产业的发展，创造更多的就业机会，并可拉动几倍于投资额的社会总需求和国民收入的增长。同时，基础设施建设还可完善当地投资环境，加快城市化进程，帮助地方更好地实现招商引资，推动地方经济发展。第二，公共投资的某些特殊领域可促进技术进步，如教育、科研、科技等方面的投入，而技术进步本身也是经济增长的原动力之一，因此公共投资对经济发展的作用也会通过技术进步体现出来。第三，政府公共投资可在一定程度上引导社会投资，矫正市场失灵现象，强化政府的宏观调控作用，促进产业结构的有效调整，最终提高经济效益。第四，在金融危机背景下，有效的公共投资还可起到平抑经济波动、稳定国家经济的作用。中国2008年末的"四万亿"经济刺激计划便是为应对国际金融危机、稳定中国经济而提出的，其中，70%的资金由地方政府负责筹措，地方政府的债务融资为这部分资金的筹集及该计划的有效实施起到不可替代的作用。

中国的要素禀赋存在劳动力供给充足甚至剩余、投资资金短缺这一典型特征，尤其是对中国地方政府而言，财政分权改革的不彻底造成了较大的收支缺口，公共投资资金比较匮乏。地方政府的债务融资行为极大地弥补了地方政府的财政资金缺口，为基础设施、科教文卫等公共投资筹集了大量可用资金，为公共投资充分发挥对经济增长的拉动作用创造了条件。

另外，地方债务也可通过间接作用于私人投资来拉动经济增长。在对私人投资的影响上，对基础设施建设的大力支持，有助于提高城市化水平、完善投资环境，从而实现招商引资、推动经济增长（范剑勇和莫家伟，2014）。地方政府对债务资金的投向将对私人投资起到显著的风向标作用（朱文蔚和陈勇，2014）。例如，若地方政府将债务资金用于基础设施建设，则会带动建筑、水泥、钢铁等相关产业的发展；若将债务资金投于环境治理，则将带动环保行业的发展、旅游资源的开发以及一些重污染行业的调整甚至转型。总之，地方债务资金的投向将影响私人投资的走向以及大批相关产业的发展，产生强大的联动效应与正外部效应，创造更多的就业机会，并拉动几倍于投资额的社会总需求和国民收入的增长。同时，这种对私人投资的引导作用也可在一定程度上矫正市场失灵，强化政府的宏观调控，并促进产业结构与经济结构的调整，最终提高经济效益（胡奕明和顾祎雯，2016）（见图5-1）。因此，短期内适度的地方债务对中国经济增长具有积极效应。

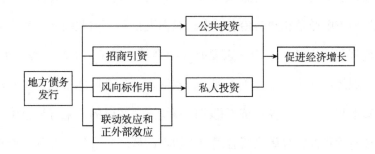

图5-1　地方债务对经济增长的积极效应

第二节　负面效应

值得注意的是，中国这种"以债务促增长"的经济增长模式是不可持续的，从长期来看，这种模式所累积的巨额地方负债将给中国经济的稳定、健康、可持续发展埋下较大隐患。虽然出于对代际公平原则的考虑，国外政府的公共投资也常常由市政债券来支持，但是国外健全的债务管理体系和完善的市政债券市场可协助将债务风险锁定在合理范围。相比之下，中国的地方债务市场基本属于地下市场，地方政府存在许多不规范、不合理的举债行为，中国对地方债务也缺乏系统、完善的管理与监督机制，导致中国地方债务风险难以控制。

地方债务规模的快速上升将加剧通货膨胀，提高利率，加上地方政府普遍存在"借新还旧"现象，地方债务负担将进一步加重，利率也将进一步推升，自此进入恶性循环。随着地方债务负担的加剧，投资者将预期税收上升，并可能因此而减少投资。更为严重的是，当偿债高峰期来临时，一旦出现资金链断裂，将可能引发地方财政危机，并给我国金融业带来重创，甚至可能造成金融系统风险。由于金融业的特殊性，金融系统风险很容易传导至中央财政及整个国民经济层面，并且地方财政危机也将沿着政府层级向上传导，因此极易引发中央财政危机，终将危害我国经济的平稳健康发展（李昊等，2010；王叙果等，2012）。同时，这种宏观经济的不稳定性也不利于资本流入，甚至可能造成资本外流，对经济增长极其不利。此外，在经济不稳定的环境下，政府的未来行为也将充满不确定性，这种不确定性将导致投资者偏向于短期的低风险投资，抑制长期投资，从而可能降低经济效率。

除可能引发地方债务风险外，中国地方政府的巨额负债还在一定程度上占用了本应流向私人部门的资金。这些资金如应用在私人部门可能产生更大的经济效益。中国目前仍处在计划经济向市场经济转型的过程，政府与市场之间的关系还未划分清晰。地方政府仍可在一定程度上左右金融与资本市场中的资金走向，尤其是银行贷款的投向。为满足自身的资金需求，地方政府常通过行政干预等各种手段影响市场中资金的分配，而各金融机构出于对政府信用的考虑，也更愿意将资金投向地方政府或其控制的融资平台等。因此，就造成了资金的非市场化分配，本应流向私人部门的资金被地方政府大量占用，导致私人部门资金不足，难以实现发展。部分地方政府甚至将举借筹得的资金投资于竞争性领域，这种行为将造成对私人投资的挤出效应，降低整个社会的经济效率。长此以往，这必将给中国经济发展带来不利影响（见图5-2）。

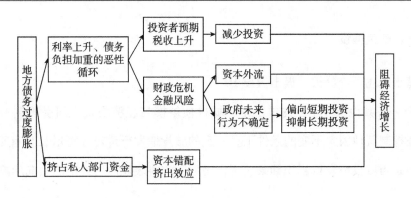

图 5 - 2　地方债务对经济增长的消极效应

综上所述，中国地方政府的债务融资行为，一方面，为基础设施建设等公共投资筹集了资金，由于公共投资对经济增长的拉动作用，一定的地方债务在短期内可促进经济发展。另一方面，从长期来看，地方政府的过度举债行为使地方债务如滚雪球般高速膨胀，既带来了严峻的地方债务风险，又占用了私人部门资金，妨碍了私人部门的发展及整个社会经济效率的提高。随着时间的推移，当地方债务规模累积到一定程度时，对经济增长的负面效应将愈加突出，最终可能阻碍中国经济的可持续健康发展。

第三节　实证分析

类似于第四章的实证分析，由于地方政府整体债务规模数据及融资平台债务数据的不可得与不完整性，加上城投债在地方政府债务中日益突出的重要性与代表性，本书在此也同样采用城投债的数据来进行实证分析。

一、研究假设

基于上述理论分析，提出假设 H1。

H1：在其他条件不变的情况下，城投债规模与经济增长之间呈现倒 U 形关系。在控制其他因素不变的条件下，一定的城投债发行量对经济增长具有正向影响，但是当城投债发行累积到某一规模之后，它将表现出对经济的负向影响。

二、研究设计

（一）样本选取与数据来源

本书构建了 2008～2018 年我国的省级面板数据，其中包括了除西藏、香港、澳门、台湾以外的 30 个省级行政区。西藏由于尚未发行城投债而被剔除，由于体制的不同，香港、澳门、台湾也被排除在外。其中，城投债数据来自万得（Wind）资讯数据库，其他数据均来自中国经济数据库（CEIC）。为消除通货膨胀的影响，本书以 2008 年为基年，利用各省区市的 CPI 指数将所有价值型变量的取值转化为实际价值。

（二）计量模型

本书的实证研究思路分为两步：利用面板数据模型的 OLS 法，对城投债规模与经济增长之间的非线性关系加以检验；通过门槛模型（Threshold Model）来验证城投债规模对经济增长的影响是否存在门槛效应（Threshold Effect），若存在则还需估计出门槛的置信区间。

1. 面板模型

为检验城投债规模与经济增长之间可能存在的非线性关系，本书设计了计量模型（2）和计量模型（3）：

$$\text{GDP}_{it} = \alpha_0 + \alpha_1 \times \text{Lamount}_{it} + \beta \times X_{it} + \delta_i + \mu_t + \varepsilon_{it} \tag{5-1}$$

$$\text{GDP}_{it} = \gamma_0 + \gamma_1 \times \text{Lamount}_{it} + \gamma_2 \times \text{Lamount}_{it}^2 + \beta \times X_{it} + \delta_i + \mu_t + \varepsilon_{it} \tag{5-2}$$

其中，i 表示地区，t 表示年份；GDP_{it} 和 $Amount_{it}$ 分别表示人均实际国内生产总值（GDP）和人均实际城投债规模；X_{it} 表示模型中的若干控制变量，两模型的控制变量一致；δ_i 和 μ_t 分别表示非观测的地区和时间特定效应，ε_{it} 表示模型的随机误差项。

式（5-2）在式（5-1）的基础上加入了城投债规模的平方项，用于考察城投债规模与经济增长之间是否存在倒 U 形关系。如果本书假设成立，那么回归系数 γ_1 将显著为正，而 γ_2 将显著为负。

2. 门槛模型

简单地说，门槛模型通过确定回归方程中门槛变量的取值，将方程划分在不同的区间中，每一个区间由不同的回归方程来表达。在门槛模型中，门槛值及其个数完全由样本数据内生决定，并可通过统计检验来确定门槛效应的存在性。因此，在处理非线性问题上，门槛模型明显优于线性回归模型及传统门槛分析法。Hansen（1999）利用非动态面板数据构建出了个体固定效应的面板门槛回归模型（Panel Threshold Regression Model），并采用自举法（Bootstrap）对门槛效应的显著性进行假设检验。本书以 Hansen（1999）为依据，设计了以城投债规模作为门槛变量的面板门槛模型。

（1）单门槛面板模型。本书由基础的单门槛模型入手，其模型基本设定如下：

$$Y_{it} = \begin{cases} \theta_1 \times X_{it} + \varepsilon_{1it}, & q_{it} \leqslant \rho \qquad (5-3) \\ \theta_2 \times X_{it} + \varepsilon_{2it}, & q_{it} > \rho \qquad (5-4) \end{cases}$$

其中，q_{it} 为选定的门槛变量，即城投债规模，ρ 表示门槛值，Y_{it} 为被解释变量，X_{it} 为解释变量，ε_{it} 为残差项。两机制的单门槛模型表示，当门槛变量 q_{it} 不大于门槛值 ρ 时，回归模型为式（5-3）；当门槛变量 q_{it} 小于门槛值 ρ 时，回归模型则为式（5-4）。令虚拟变量 $I_{it}(\rho) = \{q_{it} \leqslant \rho\}$，其中 $I(\cdot)$ 为指示函数，当 $q_{it} \leqslant \rho$ 时，$I = 1$，否则 $I = 0$，则式（5-3）和式（5-4）可以合并表

达为：

$$Y_{it} = \theta_1 \times X_{it} \times I(q_{it} \leqslant \rho) + \theta_2 \times X_{it} \times I(q_{it} > \rho) + \varepsilon_{it} \qquad (5-5)$$

在估计门槛值时，本书对门槛变量进行格点数为 400 的格点搜索，然后利用最小二乘思想求解使得残差平方和最小的门槛估计值 $\hat{\rho}$，即 $\hat{\rho} = \arg_\rho \min S(\rho)$。在得到门槛估计值后，构造 F 统计量 $[F_1 = (S_0 - S_1(\hat{\rho})) / \hat{\sigma}^2]$，并利用 Hansen 设计的自举法模拟 LM 检验 F 统计量的渐进分布及其临界值，由此来计算基于似然比检验的 p 值以确定是否存在门槛效应。若 p 值足够小，则可以拒绝不存在门槛效应的原假设，说明存在至少一个门槛值。在确定门槛效应存在的基础上，还需检验门槛估计值 $\hat{\rho}$ 与真实门槛值 ρ 是否具有一致性，并推算出门槛估计值 $\hat{\rho}$ 的置信区间。

（2）多门槛面板模型。一旦确定存在门槛效应，则还需讨论是否存在两个或多个门槛值。以双门槛模型为例，具体设定形式如下，其他模型以此类推：

$$Y_{it} = \theta_1 \times X_{it} \times I(q_{it} \leqslant \rho_1) + \theta_2 \times X_{it} \times I(\rho_1 < q_{it} \leqslant \rho_2) + \theta_3 \times X_{it} \times I(q_{it} > \rho_2) + \varepsilon_{it} \ (\rho_1 < \rho_2) \qquad (5-6)$$

在进行模型估计时，首先按照单门槛模型中的方法估计出第一个门槛值，其次在假设第一个门槛值 $\hat{\rho}_1$ 已知的条件下搜索并计算出第二个门槛值 $\hat{\rho}_2$。由于在搜索第一个门槛值时未考虑第二个门槛，因此，需要对第一个门槛值进行回检，即固定 $\hat{\rho}_2$，重新搜索 $\hat{\rho}_1$。

最后同理构建 F 统计量 $[F_2 = (S_1(\hat{\rho}) - S'_2(\hat{\rho}')) / \hat{\sigma}^2]$ 来检验第二个门槛是否显著。如果第二个门槛显著，则还需按照上述方法继续搜索第三个门槛，直至门槛不显著为止。

（三）变量的选取与度量

1. 被解释变量

本模型的被解释变量为经济增长，为剔除人口规模及通货膨胀的影响，本书遵循 Frankel 和 Romer（1999）、盛斌和毛其淋（2011）、卢方元和靳丹丹

（2011）等的做法，用人均实际 GDP 的对数值来衡量经济增长。

GDP = ln（各省区市人均实际 GDP）。

2. 解释变量

本书将各省区市融资平台当年发行的城投债数额进行人均化处理，并对人均城投债规模取对数来避免异方差问题。考虑城投债发行对经济增长的影响可能具有一定的滞后性，为避免内生性问题，本书将滞后一期的城投债规模作为模型的解释变量。为验证城投债规模与经济增长之间的倒 U 形关系，本书还引入了城投债规模的平方项作为模型的解释变量。

LAMOUNT = ln（各省区市融资平台前一年所发行的城投债总额/各省区市前一年年末总人口数）。

3. 控制变量

为控制遗漏变量误差，本部分将以下可能影响经济增长的因素作为控制变量纳入模型：

（1）固定资产投资。古典经济增长理论和新经济增长理论都将资本积累作为推动经济增长的重要动力之一。固定资产投资作为资本积累的重要途径，与经济增长之间的关系不言而喻。De Long 和 Summers（1991）、刘金全和于惠春（2002）及宋丽智（2011）等都发现了固定资产投资与经济增长之间的显著正相关关系。为避免人口规模及通货膨胀的不良影响，本书采用人均化的各省区市实际固定资产投资额来衡量固定资产投资。为规避回归中的异方差问题，本书还将人均实际固定资产投资额进行对数处理。

INV = ln（各省区市实际固定资产投资额/各省区市年末总人口数）。

（2）人力资本。技术进步作为现代经济增长的重要驱动力之一，与人均受教育程度及劳动力素质具有密切关系。内生经济增长理论认为，人力资本可通过促进技术进步与创新而间接作用于经济增长。Song 等（2000）、Yao 和 Zhang（2001）等都发现了相应的实证证据。在对人力资本的衡量上，本书参考孙犇和宋艳伟（2012）的方法，将人力资本定义为各地高等学校在校人数与年末总人口数之比。

HUMCAP＝各省区市高等学校在校人数/各省区市年末总人口数。

（3）贸易开放。自改革开放以来，中国经济实现了前所未有的高速发展，其中贸易开放被认为是实现经济奇迹的关键因素之一。大量的实证研究也从经验上证实了贸易开放对经济发展的积极促进作用（沈坤荣和李剑，2003；郭熙保和罗知，2008；盛斌和毛其淋，2011）。沿用盛斌和毛其淋（2011）的研究思路，本书以各地区当年实际进出口贸易总额与各地区当年实际 GDP 之比来测度贸易开放程度。在对进出口贸易额进行汇率折算时采用当年美元对人民币的平均汇率。

OPEN＝各省区市当年实际进出口贸易总额/各省区市当年实际 GDP。

（4）产业结构。中国作为从计划经济向市场经济转型的经济体，其经济的增长常被认为与产业结构具有一定联系。刘伟和李绍荣（2002）、郑若谷等（2010）等都从产业结构的角度来研究中国经济的发展，他们都发现了产业结构与经济增长之间的相关性。借鉴孙犀和宋艳伟（2012）的研究成果，本书用各地区第一产业实际总产值与各地区实际 GDP 之比、各地区第二产业实际总产值与各地区实际 GDP 之比这两个指标来衡量产业结构。

AGR_ RATIO＝各省区市第一产业实际总产值/各省区市实际 GDP。

IND_ RATIO＝各省区市第二产业实际总产值/各省区市实际 GDP。

（5）城市化水平。城市化可通过加速物质资本、人力资本及知识资本等要素的积累（沈坤荣和蒋锐，2007）、缩小贫富差距（沈凌和田国强，2009；曹裕等，2010）以及促进技术创新（程开明，2009）等方面来实现对经济增长的推动。衡量城市化水平最直接、最常用的指标是城镇人口占总人口的比重（沈坤荣和蒋锐，2007；程开明，2009）。

URBAN＝各省区市城镇人口数/各省区市年末总人口数。

（6）人口密度。蔡昉等（2001）指出，人口密度与经济增长之间并非简单的纯正向或纯负向效应，两者的关系复杂多变，依国别、某国发展阶段等因素的变化而变化。一方面，如 Alcalá 和 Ciccone（2003）、盛斌和毛其淋（2011）等所指出的，人口密度可在一定程度上代表市场规模的大小，并使劳动力供给的增加成为可能，对经济增长具有一定的积极作用。另一方面，面对有限的资源，过高的人口密度将造成资源压力的不合理增长，由此而产生的各种内部摩擦可能对经济增长带来消极影响。

POPDEN = 各省区市年末总人口数/各省区市面积。

变量含义如表 5 - 1 所示。

表 5 -1　变量含义

变量	表示	定义
经济增长（元）	GDP	ln（人均实际 GDP）
人均城投债规模（元）	LAMOUNT	ln（地方政府融资平台前一年所发行的城投债数额/前一年年末总人口数）
固定资产投资（元）	INV	ln（固定资产投资额/年末总人口数）
人力资本（%）	HUMCAP	高等学校在校人数/年末总人口数
贸易开放（%）	OPEN	实际进出口贸易总额/实际 GDP
产业结构（%）		
农业比值	AGR_ RATIO	第一产业实际总产值/实际 GDP
工业比值	IND_ RATIO	第二产业实际总产值/实际 GDP
城市化水平（%）	URBAN	城镇人口/年末总人口
人口密度（人/平方千米）	POPDEN	年末人口总数/面积

三、回归分析

（一）描述性统计

从表 5 - 2 的描述性统计可以看出，在对各省区市人均实际 GDP 取对数之后，其均值为 9. 7112，标准差为 0. 6003。人均实际城投债规模取对数之后均值为 4. 3252，其最小值为 0. 9621，最大值为 7. 8340，说明各省区市之间城投债规模存在一定差异。据统计，人均实际 GDP 与人均城投债规模之间的相关系数为 0. 6212，说明两者之间可能存在一定的正相关关系。

表 5 - 2 描述性统计

变量	观测值数目	均值	中位数	标准差	最小值	最大值
GDP	330	9.7112	9.6743	0.6003	8.7560	10.8406
LAMOUNT	217	4.3252	4.3351	1.1491	0.9621	7.8340
INV	330	9.0605	9.1317	0.7342	7.3499	10.6804
HUMCAP	330	0.0141	0.0132	0.0068	0.0032	0.0356
OPEN	330	0.3321	0.1308	0.4182	0.0356	1.7184
AGR_ RATIO	330	0.2120	0.2179	0.1010	0.0160	0.5604
IND_ RATIO	301	1.1458	1.0459	0.4164	0.4117	2.2222
URBAN	310	0.3347	0.3127	0.1155	0.1385	0.6078
POPDEN	330	424.1399	273.0125	634.9861	2.2250	4104.1380

（二）面板模型的估计结果[①]

在进行面板数据模型回归之前，首先应通过 F 检验来确定是选择混合估计模型还是固定效应模型，之后再利用 Hausman 检验来确定是建立固定效应模型还是随机效应模型。对于计量模型（2）和计量模型（3），F 检验的 p 值均为 0.0000，且 Hausman 检验的 p 值均为 0.0001，说明可在 1% 的显著性水平下拒绝混合估计模型及随机效应模型，因此本书采用固定效应模型来进行估计。

如表 5 - 3 所示，在计量模型（2）中，城投债规模与经济增长显著正相关，从数量关系上看，人均城投债规模每上升 1%，人均实际 GDP 将上升 2.19%，证实了城投债对地方经济增长的正面效应。在计量模型（3）中，人均城投债规模保持与人均 GDP 的高度正相关关系，并且人均城投债规模的平方项在 5% 的统计性水平下显著为负，初步为本书假设提供了实证支持。这说明在其他条件不变的

---

① 为避免伪回归问题，在面板数据模型进行回归之前，本书检查了各序列的平稳性，即进行单位根检验。本书采用 Levin - Lin - Chu（LLC）和 ADF - Fisher 两种方法对数据进行面板单位根检验，其中 LLC 为相同单位根检验方法，ADF - Fisher 则适用于不同根情形。如果在两种检验中均拒绝存在单位根的原假设，则说明此面板序列是平稳的；反之则不平稳。根据单位根检验结果，模型中所有变量均为一阶单整。在此基础上，本书还采用 Kao 方法对上述变量进行协整检验。经计算，统计量为 - 3.6607，对应的 p 值为 0.0001，说明可在 1% 的显著性水平下拒绝无协整关系的原假设。因此，该面板数据模型的各变量之间存在至少一个协整关系，基于该模型的回归结果是可靠的。

情况下，城投债规模与经济增长之间存在显著的倒 U 形关系，也就是说，城投债规模对地区经济增长的影响可能存在某个临界点，当城投债规模小于这一临界值时，地区经济会随着城投债发行规模的增长而增长；然而，当城投债规模超过这一临界值时，城投债的发行将显著抑制地方经济发展。

表 5 – 3　面板模型回归结果

解释变量	计量模型（2）	计量模型（3）
常规项	5. 6648 *** （9. 6996）	8. 0002 *** （18. 6351）
LAMOUNT	0. 0219 ** （2. 1467）	0. 0265 *** （2. 5805）
LAMOUNT^2	—	− 0. 0021 ** （− 2. 3474）
INV	0. 3473 *** （5. 7127）	0. 3601 *** （3. 6439）
HUMCAP	23. 1995 *** （3. 3576）	18. 1822 *** （3. 4195）
OPEN	0. 0456 （0. 5696）	− 0. 0568 （− 1. 4418）
AGR_ RATIO	− 0. 3428 （− 0. 3762）	− 0. 2959 （− 0. 5891）
IND_ RATIO	0. 2506 ** （2. 3905）	0. 2019 *** （3. 1711）
URBAN	0. 4804 （1. 0668）	0. 1468 （0. 5326）
POPDEN	− 0. 0003 *** （− 3. 1750）	− 0. 0002 ** （− 2. 4362）
时间固定效应	有	有
地区固定效应	有	有
观测值	217	217
调整后的 R^2	0. 9924	0. 9913

注：括号中是经过怀特异方差校正的 t 统计量，符号 *、**、*** 分别表示在 10%、5% 和 1% 的显著性水平下显著。

在计量模型（1）和计量模型（2）中，控制变量的回归结果基本一致。与预期及前人研究结论相符，固定资产投资、人力资本及工业比值都在1%或5%的显著性水平下与经济增长显著正相关。人口密度的回归系数在1%或5%的统计性水平下显著为负，这与盛斌和毛其淋（2011）等学者的研究结果相矛盾。这种矛盾一方面可能是由不同的测试时段造成的，在数据所涵盖的年份中，人口密度对经济增长的负面效应可能占上风；另一方面也可能是由模型设定偏误引起的。贸易开放、农业比值及城市化水平都并未呈现出对经济增长的显著影响。

（三）门槛模型的估计结果[①]

通过面板模型的回归分析，发现城投债规模与经济增长之间具有倒U形关系，这意味着城投债规模对经济增长的影响可能存在门槛效应。因此，本书将利用Hausman的门槛回归模型来检验城投债规模门槛效应的存在性。

估计单门槛模型，以判断是否存在门槛效应。如果不存在，则单门槛模型退化为传统的线性回归模型；如果存在，则继续搜索第二个门槛并进行检验，以此类推。以自举次数3000得出模拟分布，表5-4列示了门槛效应检验的F统计量值及对应p值。单门槛检验的F统计量值为5.0706，对应p值为0.0280，表明可在5%的显著性水平下拒绝无门槛效应的原假设。因此，还须检验是否存在多个门槛。在双门槛模型中，F统计量值为2.2199，对应p值为0.1290，表明应接受只存在单一门槛的原假设，即须建立的是单门槛回归模型。

---

① 在进行门槛模型回归之前，除需进行单位根及协整检验之外，还应进行门槛变量的内生性检验以确定门槛变量的外生性。考虑本书的实证方程是基于单向因果关系进行估计的，这里主要检验是否存在由双向因果关系而引发的内生性问题。为尽量避免这种内生性问题，本书模型采用的是滞后一期的城投债规模。在此，本书还采用格兰杰检验来考察滞后的城投债规模与经济增长之间是否存在双向因果关系。格兰杰检验的结果表明，可在1%的显著性水平下拒绝城投债规模不是经济增长的格兰杰因的原假设，但是无法拒绝经济增长不是城投债规模的格兰杰因的原假设。也就是说，滞后的城投债规模与经济增长之间并不存在双向因果关系。

表5-4 门槛存在性检验结果

类型	F 统计量	p 值	结论
单门槛检验 （H0：无门槛效应）	5.0706	0.0280	拒绝 H0
双门槛检验 （H0：存在单一门槛）	2.2199	0.1290	接受 H0

在单门槛模型的回归中，估计出的门槛值为 5.1697，其 95% 的置信区间为 [4.7364，5.3526]。表 5-5 给出了门槛模型的估计结果，可以看出城投债规模对经济增长的影响具有明显的门槛效应。当人均城投债规模不大于 5.1697 时，城投债发行可显著地促进地区经济增长，人均每多发行 1% 的城投债，人均 GDP 将增长 3.12%。当人均城投债规模大于 5.1697 时，城投债的发行将不再促进经济增长；相反将对经济增长起到消极的抑制作用，此时人均每多发行 1% 的城投债，人均 GDP 将降低 0.40%。

表5-5 门槛模型回归结果

解释变量	式（5-5）
LAMOUNT（$q_{it} \leqslant 5.1697$）	0.0312 ** （2.4503）
LAMOUNT（$q_{it} > 5.1697$）	−0.0040 ** （−2.4574）
INV	0.2776 *** （11.0892）
HUMCAP	27.8675 *** （6.1323）
OPEN	−0.0125 （−0.2379）
AGR_RATIO	−0.8418 ** （−2.1637）
IND_RATIO	0.1822 *** （2.8697）

续表

解释变量	式（5－5）
URBAN	0.3531
	(1.2775)
POPDEN	0.0002***
	(3.4887)
观测值	217
调整后的 R^2	0.9945

注：括号中是经过怀特异方差校正的 t 统计量，符号＊、＊＊、＊＊＊分别表示在 10%、5% 和 1% 的显著性水平下显著。

在控制变量方面，与线性面板模型的回归结果一致，固定资产投资、人力资本都与经济增长显著正相关，但其回归系数大于面板模型中的相应系数。具体来说，当固定资产投资和人力资本指标增加 1% 时，人均实际 GDP 将分别上升 27.76% 和 27.87%。工业比值也在 1% 的统计性水平下显著推动经济发展，其回归系数的符号与大小都与线性模型中的基本一致。工业比值每增长 1%，人均实际 GDP 将相应地增长 0.1822%。在门槛模型中，农业比值变成显著影响经济发展水平的因素之一，其每上升 1%，人均实际 GDP 将下降 0.8418%。人口密度虽然在门槛模型中也高度显著，但其回归系数的符号由线性模型中的负向变成正向，与前人研究结论相一致。贸易开放与城市化水平在门槛模型中也同样并不显著。

（四）小结

从地方政府债务资金的投向上看，绝大部分的地方政府债务都用在了基础设施建设、市政建设、科教文卫等公共投资领域，借助于公共投资对经济发展的推动作用，从短期来看，一定的地方债务有利于地方经济的发展。从长远来看，如果不对地方政府的债务融资行为加以治理，任由地方政府肆意过度举债，那么，当地方债务累积到一定规模之后，随之而来的巨额债务风险以及对私人部门资金的大量占用必将对中国经济增长产生严重的不利影响。因此，中国务必对地方政府当前的债务融资行为进行有效的治理与规范，从而将地方债务规模及风险控制在安全范围，保障中国经济的可持续健康发展。

第六章 地方政府债务管理的国际经验

为了给中国地方政府债务融资的治理与规范提供借鉴与参考，本章归纳并总结了地方政府债务管理的国际经验。首先，从地方政府债务管理的目标、地方政府债务融资渠道、中央层次的地方债务管理机构、地方政府债务管理机制及具体实践这几个方面总结了国外地方政府债务管理的概况；其次，重点介绍了美国、巴西及法国三国的地方政府债务管理经验与教训；最后，总结了这些国外经验与教训带给中国的启示。

第一节 国外地方政府债务管理概况

在国际范围内，由于许多公益性或准公益性的基础设施项目都带有明显的"地方性"特征，地方政府往往是这些项目的主要投资主体，使地方政府在基础设施投入上扮演着越来越重要的角色。基础设施的跨时融资特征以及不断增长的基础设施融资需求成为推动地方政府负债的主要动力之一。中国政府间财政关系的不完善等问题，地方政府表现出明显的过度举债倾向。国际经验表明，如果缺失能够有效约束并规范地方政府举债行为的管理机制，地方政府很可能因过度举债而引发财政危机，甚至可能导致大量地方政府破产，最终将严重危及公共服务的提供及金融市场和宏观经济的稳定。持续性的收支不平衡、举债规模以不加控制的速度扩张、财政纪律薄弱以及市场约束不足等因素都可能导致地方政府陷入严重的债务危机，发展中国家和发达国家都不例外（《中国地方债务管理研究》课题组，2011）。巴西、希腊、欧盟等的债务危机给各国家和地区都敲响了警钟，使各国家和地区都意识到地方债务管理的重要性。

一、地方政府债务管理的目标

从历史上看，满足地方政府可持续性的融资需求是地方债务管理的首要目标。所谓可持续性融资，主要包含两层含义：一是有效满足地方政府为弥补支出缺口尤其是资本性支出缺口等原因而产生的举债需求；二是确保地方政府有足够的偿债能力，即保证债务在地方政府的偿还能力范围。

随着经济、社会的不断发展以及市场化与国际化程度的不断深化，地方政府的债务管理理念也在不断进步，融资成本与风险控制问题逐渐成为地方政府债务管理关注的焦点。在这一阶段，地方政府债务管理的目标可归纳为：通过对债务组合的管理，使其符合地方政府对成本与风险的偏好（李萍，2009）。各国普遍采用成本与风险相匹配的方法来设置地方政府债务管理的目标。如果在不考虑风险的情况下片面追求债务成本的最小化，可能导致高风险的债务结构，最终将造成融资成本的上升；如果一味地控制风险而忽略了融资成本，则可能大大加剧地方政府的举债成本。例如，澳大利亚将其地方债务管理目标设置为以尽可能低的长期成本发行、管理和偿还地方债务，并把风险控制在可接受的合理范围；丹麦、芬兰、比利时、荷兰、葡萄牙等欧洲国家都要求地方政府在一定的风险范围内实现长期偿债成本的最小化。

在权衡债务成本与风险这一基础目标之外，地方政府还可为其债务管理设置不同的二级目标或附属目标。例如，一些发展中国家，如巴西、哥伦比亚、泰国等，希望通过市政债券市场的发展来促进国内债券市场的壮大，并为公司债券提供参照标准，英国等将地方债务管理目标与国库现金管理相结合。

二、地方政府债务融资模式

根据国际经验，各国地方政府的债务融资模式主要有两种：一是以北美为代表的市政债券模式；二是以欧洲为代表的银行贷款模式。

（一）市政债券模式

在以美国为代表的市政债券模式下，发行市政债券是最主要的债务融资渠道，并辅之以一定的银行贷款等。根据担保条件的不同，市政债券可分为一般责任债券和收益债券。与收益债券以特定项目收益或特定税收作为还款来源不同，一般责任债券以发行机构的全部声誉与信用作为担保，并以地方税收作为支持。市政债券模式以竞争为基础，每一债券的发行价格都是市场竞争性报价的结果。对大规模市政债券发行者来说，这可大大降低他们的融资成本。然而，对缺乏融资经验的小规模地方政府而言，这加大了其在债券市场中进行债务融资的难度。在债券市场中进行融资，需要发行市政债券的地方政府公开其财务信息、使用规定的会计准则、通过第三方审计、进行信用评级等。这些要求加强了对地方政府债务公共监管的力度，有助于社会公众对地方政府的举债进行有效监督。在发行市政债券的过程中，债务融资与其他服务是相分离的，地方政府可以自由选择来自不同机构的相关服务，这种自由选择的余地使地方政府一般能以较低的成本获取所需服务。

（二）银行贷款模式

国外地方政府进行债务融资的另一主要途径则是银行贷款，包括商业银行贷款、政策性银行贷款、国际性银行贷款等。对于特大型公共项目，往往需要利用多家银行以及非银行金融机构进行联合性贷款，即"银团贷款"。这种债务融资方式在欧洲较常见。例如，法国的地方政府债务几乎都是源于银行贷款，市政债券发行很少。在这种模式下，银行往往建立起与地方政府持续、稳定的关系，全程参与地方政府投资项目的规划、融资与实施过程，可起到一定的咨询与辅导作用，对小市政而言较为有利。不同于市政债券模式下的公共监管，在银行贷款模式中，银行起着代理监管的作用，它凭借信息优势，代表个体投资者对地方政府的债务融资行为进行监督。此外，该模式以捆绑服务与捆绑价格为特征，发放贷款的银行常要求地方政府必须同时使用其提供的其他配套服务，并将这些服务的价格与贷款价格捆绑到一起，使地方政府丧失了相应的自由选择权。

相比较这两种债务融资模式，市政债券模式的约束能力相对更强，内在机制有助于提高地方政府的财政透明度。虽然当前在大多数国家这两种模式是共存的，但是从长远来看，随着要求地方政府公开披露信息和接受公众监督的呼声越来越强烈，市政债券模式在未来将起到日益显著的作用。

三、中央层次的地方政府债务管理机构

大多数国家都将财政部作为中央层次的地方债务管理机构，由财政部负责统一管理地方政府债务。在机构设置上主要有两种思路：一是由财政部的相关业务部门来负责地方债务的管理，如加拿大、荷兰、南非等国；二是在财政部内设置一个专门的地方债务管理机构，如澳大利亚的借款委员会、法国的债务管理中心、新西兰的债务管理办公室等（财政部预算司考察团，2010）。只有少数国家拥有独立于财政部的地方政府债务管理机构，这些机构虽然并不隶属于财政部，但也需向财政部门汇报相关情况，如美国、日本、英国等。

四、地方政府债务管理机制

地方债务管理的核心在于确定一个能够有效控制地方债务规模的管理机制。如何平衡好地方债务管理中集权与分权的关系则是确定这一机制的关键。按照集

权程度的不断加深，Ter－Minassian 和 Craig（1997）将地方债务管理机制分为四类，分别是市场约束型、共同协商型、规则约束型和行政控制型。一国在地方债务管理机制上的选择主要取决于该国的政府间财政关系和金融市场的成熟度等制度安排。

（一）市场约束型

这一管理机制建立在完全分权的基础之上，是否举债、如何举债以及举债多少等决策都由地方政府根据自身资金需求和金融市场的资金供给状况做出。在这一管理机制下，上级政府并不直接对地方政府的债务融资行为进行约束和管理，而是依赖金融市场秩序使地方政府进行自我约束。信用评级机构在这种管理类型中起着十分重要的作用。为降低融资成本，地方政府有动力约束自己的借债行为以保证较高的信用评级。相对于中央政府，地方政府更了解其辖区内居民的公共服务偏好。因此，在这种管理机制下，地方政府在债务融资方面的自由度使其能够更好地利用这一信息优势来实现资源的更有效配置。然而，该机制的有效运作取决于一系列的先决条件，包括公开和自由的金融市场、强预算约束、地方政府债务及其偿还能力信息的公开披露等（Lane，1993）。只有少数国家符合这些条件，因此采用这种管理机制的国家较少，主要有美国、新西兰等。

（二）共同协商型

在这种机制下，整个国家的宏观经济目标以及政府总体收入与支出水平等关键性财政参数都由地方政府直接参与制定。同时，地方政府还与上级政府共同协商确定对地方政府债务融资的限制。确定的债务额度将在各地方政府间进行分配，分配的过程也由各地方政府参与谈判协商。这种机制的优势在于加强了不同级次政府间的交流与对话，使地方政府清晰地认识到自身在全国整体宏观经济和政府收支目标中的作用，在加强中央监管的同时也兼顾了地方政府的灵活性。最终确定的政府收支与债务规模不仅体现了中央意图，也融合了地方政府的意见，更容易被地方政府接受并完成。然而，这种类型的管理在市场约束弱的国家难以发挥作用，并且需要中央政府在协商中的谈判能力较强，否则共同协商将削弱中央政府的领导力，诱使地方政府向中央政府施压，可能导致软预算约束问题。采用这一机制的国家有澳大利亚、比利时和丹麦。

（三）规则控制型

这种类型主要通过由宪法、法律或规章所明确规定的各种规则来约束地方政府的债务融资行为。这些规则可能对地方政府债务融资总额、债务资金用途、借债渠道以及一些债务风险指标做出明确限制。这种方法对所有地方政府一视同仁，透明度高，易被理解，也方便上级政府针对这些规则对地方债务进行管理。然而，这种管理机制的问题在于灵活性不足，中央政府在制定规则时需考虑约束力与灵活性的平衡。所制定的规则越细致、严格，意味着地方政府的调整余地越小；然而较多的灵活性又可能给予地方政府规避规则的空间，使规则流于形式，难以真正执行。这种机制的有效程度往往取决于中央政府对遵循规则的监控能力以及地方政府绕过规则进行融资的能力。因此，要使这种机制能够较好地发挥作用，则需要预算约束一定程度的强化以规避地方政府绕过规则，并加以有效的纠错问责措施。巴西、阿根廷、墨西哥等发展中国家广泛采用这一机制来进行地方债务的管理。

（四）行政控制型

这一机制集权程度最高，上级政府直接通过行政命令等手段来控制地方政府举债。常见形式主要有对各笔地方债务甚至其组成部分设置年度限额、对单笔借款进行审批和授权、代地方政府发债、对举债方式进行限制等。该机制不仅对地方政府的债务融资行为进行事前的审批和授权，也监督事中的资金使用情况以及事后检查。在这一管理机制下，上级政府能够更好地控制地方债务水平及国家整体债务水平，但是地方政府难以根据地方情况灵活、自主地制订投融资计划。同时，上级政府的过多介入很容易造成中央政府对地方债务的隐性担保，产生融资主体和市场的救援预期。地方政府对上级政府的救援预期，加上两级政府之间的信息不对称，很容易造成"道德风险"问题，使地方政府萌生出过度举债的倾向。该机制往往需要较强的市场约束，通过对地方债务的行政控制来强化预算管理，弥补财政制度的不足。这种机制被日本、韩国、法国等发达国家以及印度、哥伦比亚等发展中国家所采用。

必须强调的是，这四种针对地方债务的管理机制并不是相互排斥的，各国对其地方债务的管理一般以某一类型为主，其他类型为辅。例如，美国的地方债务管理以市场约束型为主，也辅之以规则控制。同时，一国所采用的地方债务管理机制也并不是一成不变的，随着一国财政制度与市场情况的变化，其所采用的地方债务管理机制也处在不断变化之中。例如，以谨慎性制度的实施为标志，英国的地方债务管理机制正在从行政控制型向规则控制型转变。

五、地方政府债务管理的具体实践

按照管理的主要内容与流程，地方政府债务管理的具体实践大致可归纳为四个方面，即地方政府债务资金运行管理、地方政府债务风险控制、地方政府债务危机化解以及地方政府债务管理的纠错问责（李萍，2009）。

（一）地方政府债务资金运行管理

在债务资金运行方面，需要对地方政府的举债方式、举债用途以及偿债资金进行管理。各国所采用的举债方式主要是发行市政债券和银行借款两种，大多数国家都是同时采用这两种方式。各国对地方政府的举债方式基本都有相关规定，一般都要求地方政府不得向其所属的金融机构借款。"黄金准则"是多数国家要求地方政府在债务资金用途上须遵守的基本原则。根据"黄金准则"，地方政府不得靠借债来弥补经常性支出的赤字，只能将地方债务用于基础性和公益性资本支出项目。唯一的例外是财政收支的季节性缺口，加拿大、美国等少数国家允许地方政府借债来弥补这一缺口（宗正玉，2012）。一般来说，地方政府以地方税收、中央转移支付资金、发行新债获得的资金以及项目收入等作为偿债资金来源，自行偿还其举借的债务。

（二）地方政府债务风险控制

为控制地方债务风险，各国都根据自身实际国情采用了不同的债务管理措施。根据国际经验，常用的地方债务风险控制办法主要有预算管理、规模控制、风险预警、信用评级、行政司法监控以及财政与债务信息的透明化等。这些风险控制措施有的以中央政府为主导，如预算管理；有的以地方政府为主导，如财政与债务信息的透明化；也有的以市场为主导，如信用评级。只有中央政府、地方政府与市场之间相互配合，才能实现对地方债务风险的有效控制。

欧债危机的爆发使人们更加意识到控制债务风险的必要性。余应敏（2014）强调，希腊、爱尔兰、意大利、葡萄牙等国普遍采用的以收付实现制为基础的政府会计与财务报告模式是造成欧债危机爆发并进一步扩大的关键因素之一。基于收付实现制的政府会计与财务报告模式无法全面、及时地核算并反映政府负债情况，并且容易被人为操控，掩盖了政府的财政风险隐患，不利于对财政风险的有效控制。欧债危机的惨重教训完全可应用到地方政府的债务风险控制，采用基于权责发生制的政府会计与财务报告模式是提高地方债务信息透明度、防范地方债务风险的必然要求。

（三）地方政府债务危机化解

面对地方政府债务危机，有的国家采取中央政府行政接管的方式，由上级政府直接派人接管濒临破产的地方政府的工作，并负责偿还其债务，如法国；有的国家采取中央政府重组地方政府债务的方式，如巴西、澳大利亚、南非等国；有的国家则明确宣布不对面临债务危机的地方政府进行救助，由地方政府自行处理，如阿根廷等拉美国家（宗正玉，2012）。

（四）地方政府债务管理的纠错问责

纠错问责机制属于地方政府债务管理的事后监控措施，用于及时纠正地方债务管理过程中发生的偏差，并确定相关责任人应承担的责任。为防止债务风险再次发生，并强化财政和举债的硬约束，各国法律一般都会对债务违约的地方政府施以惩罚，主要惩罚包括取消举债权、削减预算或转移支付、追究责任人责任、收取债务违约赔偿金等。

虽然各国在地方债务管理方面存在各种差别，但也有一些共同的规律和侧重点。一个完整的地方债务管理体系是以地方政府债务管理机制为核心，以地方政府债务管理目标为导向，以地方政府债务管理机构为组织保证，以地方政府债务资金运行管理、地方政府债务风险控制、地方政府债务危机化解以及地方政府债务管理纠错与问责为主要内容的体系结构（李萍，2009）。这一体系的良好运行需要中央政府、地方政府以及金融市场的协同合作才能得以实现。

第二节　美国地方政府债务管理

作为典型的联邦制国家，美国的政府结构包括一级联邦政府、50 个州政府以及 8 万多个县、市、镇、学区或其他特别服务区。美国的地方政府从属于州政府。美国《宪法》明确界定了三级政府各自的职责和支出责任，同时也赋予了各级政府相应的税收权力。在美国《宪法》的保护下，联邦政府、州政府和地方政府的财权与事权划分明确且稳定，各级政府在各自的权限范围内享有独立权力，实现了自治与共治的结合。

一、美国地方政府债务概况

美国法律允许州及州以下地方政府发行市政债券。美国的州与地方公债制度可追溯到 19 世纪，长期的运行使其市政债券市场已发展成熟。作为地方政府进行基础设施项目融资的一种重要方式，美国的市政债券是地方政府债务最重要的一个组成部分。截至 2008 年 6 月，美国地方政府的市政债券余额为 2.7 万亿美元，占政府总债务的比重高达 22.1%，发债主体共有 8 万余家。

美国市政债券的基本类型是一般责任债券（General Obligation Bonds）和收益债券（Revenue Bonds）。除这两种基本类型之外，美国还存在几类变种的市政债券，包括受约束的特定税种债券（Limited and Special Tax Bonds）、工业收入债券（Industrial Revenue Bonds）、住房债券（Housing Bonds）、双重收入来源债券（Double Barreled Bonds）、市政票据（Municipal Notes）、预期债券票据（Bond Anticipation Notes）、预期税收票据（Tax Anticipation Notes）以及预期收入本票（Revenue Anticipation Notes）等（李萍，2009）。

从目前的市政债券结构来看，据统计，长期债券占 90% 左右，公募债券占比高达 99%，88% 的市政债券免税，约 1/3 为再融资债券，约 1/4 为含保险债券。在早期，美国市政债券一直以一般责任债券为主。20 世纪 50 年代之后，收益债券发行规模开始持续走高，并于 1980 年首次超过了一般责任债券，其占市政债券债务余额的比重近年来都维持在 60% 左右，已成为美国最主要的市政债券类型。自 20 世纪 90 年代以来，固定利率债券的发行规模始终大于浮动利率债券，但近年来固定利率债券所占比重有所下降。同时，市政债券的平均期限逐年增加，2007 年美国市政债券的平均期限已上升至 20 年。

2007 年，美国发生次贷危机，市政债券市场也颇受冲击，尤其是市政债券保险公司出现了不同程度的信用等级降低。这直接导致了美国市政债券信用评级的下调，造成部分市政债券出现利率提高或交易延期的情况。然而，次贷危机之后，全球性的"质量逐利"使市政债券利率逐渐超过了国债利率，并有愈演愈烈之势。同时，浮动利率债券市场也发生了不小的混乱，大量拍卖利率证券（ARS）流拍或利率上升。面对这一局面，为提高地方政府的融资能力，美国推出了一种新的地方债务融资工具——建设美国债券。《2009 美国复苏和再投资法案》授权州及州以下地方政府在 2009~2010 年发现应税的"建设美国债券"，发债收入用于发行方的资本支出。此外，联邦政府为此类债券的持有人给予一定的税收抵免或直接向发行人贴息或减税，以降低发行人的融资成本，并扩大州及州以下地方政府资本项目的投资规模。

二、中央层次的美国地方政府债务管理机构

美国主要有两个联邦层次的市政债券管理机构，分别是美国证券交易委员会（SEC）市场监管部的市政债券办公室和美国市政债券规则委员会。相比对企业债券和股票的监管，SEC 对市政债券的监管权要小得多。州及州以下地方政府发行市政债券既不需要 SEC 的批准，又不需要向 SEC 登记或定期报告。SEC 市政债券办公室一方面根据反欺诈条款对市政债券进行事后监管，常用的监管手段有责令限期改正、罚款、提起诉讼等；另一方面则通过制定或者委托制定约束市政债券承销商、经纪人、交易商、律师、会计师行为的规则来对市政债券实施监管。

另一中央层次的地方债务管理机构是美国市政债券规则委员会，该委员会是市政债券的行业自律组织，成立于 1975 年，由美国国会批准设立，接受 SEC 的监督，在 SEC 的授权下，该委员会承担了制定市政债券规则的主要责任。为保证市政债券市场的公平交易，市政债券规则委员会制定了有关从业资格标准、公平交易、簿记、交易确认、清算和交割等方面的规则（张志华等，2008）。经 SEC 批准之后，这些规则才正式生效，对市政债券的交易商、承销商及经纪人产生约束力，而市政债券的发行者并不受这些规则的约束。

虽然按照美国政府的职责划分，财政部主要负责管理联邦政府债务，并不直接管理州及州以下地方政府债务，但财政部可通过发行州和地方政府系列证券（State and Local Government Securities Series，以下简称州地系列债券）来间接地影响地方政府的市政债券融资。州地系列债券是联邦政府为监督州及州以下地方政府遵照《联邦反套利法》的规定进行借款而发行的，州及州以下地方政府可

将市政债券收益投资于利率更高的州地系列证券，而不违反美国税法。

三、美国地方政府债务管理机制

以实现借款成本最小化为目标，美国采用以市场约束型为主、以规则控制型为辅的地方债务管理机制。美国地方政府举债在一般情况下都不会受到上级政府的限制。美国现有的 8 万多个地方政府大都具备发行市政债券的权利，举债主体可以是政府、政府机构或债券使用机构。基于美国的联邦制，州及州以下地方政府并不需要上级政府的批准或同意来发行市政债券（徐瑞娥，2009）。此外，按照美国《证券法》的规定，地方政府发行市政债券无须向 SEC 报告或登记，SEC 更不涉足市政债券的核准发行。因此，在美国，地方政府完全可自行决定是否发行市政债券，美国主要依赖资本市场来约束地方政府的债务融资行为。当市场认为某一地方政府过度举债且预计偿还概率较小时，该政府发行市政债券就需支付更高的利息，从而抑制该地方政府继续发债。

虽然美国的地方债务管理以市场约束型为主，但是也能看到规则控制的痕迹。一些州级、市级法律在一定程度上限制了州及州以下地方政府的举债行为。例如，西雅图市、杜姆市要求发行市政债券须经全民公决；加利福尼亚州的橙县则由该县的监督委员会来负责其市政债券的审批；豪伍德县则设置"限额支出委员会"，由该委员会负责审核每年的负债情况及还本付息情况，以将债务控制在合理范围。

四、美国地方政府债务管理的具体实践

本书主要从地方政府债务资金运行管理、地方政府债务风险控制、地方政府债务危机化解以及地方政府债务管理的纠错问责这四个方面来介绍美国地方政府债务管理的具体实践。

（一）地方政府债务资金运行管理

美国地方政府举债的主要方式是发行市政债券，其中又以公募发行为主。在

债务资金用途上，联邦和许多州法律都禁止州及州以下地方政府为弥补经常性支出赤字而进行债务融资，要求发行市政债券的地方政府必须保持经常性预算平衡。大多数情况下，州及州以下地方政府的债务资金主要用于公共资本建设项目投资或大型设备采购，如学校、道路、水利等，也会用于支持并补贴私人活动，如私人住房抵押贷款、学生贷款等，还有部分债务资金用于为短期周转性支出或特种计划提供现金、偿还旧债以及偿付政府的养老金福利等（徐瑞娥，2009）。在偿债资金方面，一般责任债券的偿债资金来源包括项目收费收入、地方税收等，并且在必要时地方政府可提高收费率或税率以保证有足够的收入来源用于地方债务的还本付息。当地方政府在一般责任债券上违约时，债券持有人可以通过上诉法庭来获得政府或其代理机构的资产。不同于一般责任债券，收益债券或非担保债券只将项目收费收入作为偿债资金来源。当项目收入无法满足偿债需求时，州及州以下地方政府不得动用地方税收等其他收入来源来进行弥补，相应的损失将由债券持有人自行承担。

（二）地方政府债务风险控制

在经历了地方债务危机的教训之后，美国改变了以往对市政债券放任自流的态度，逐步形成了以规模控制、信用评级、债券保险、信息披露、风险预警等为特征的地方债务风险控制框架。

1. 规模控制

美国主要通过负债率、债务率和偿债率等控制指标来对一般责任债券进行规模控制，对收益债券的规模控制则并不常见。美国全国州预算官员协会（NAS-BO）2002 年的调查显示，在有权发行一般责任债券的 47 个州中就有 37 个州通过宪法或法令规定了一般责任债券的发行限额。一般而言，负债率（州及州以下地方政府债务余额/州及州以下地方政府生产总值）要求控制在 13% ~ 16%；债务率（州及州以下地方政府债务余额/州及州以下地方政府年度总收入）需控制在 90% ~ 120%；偿债率（债务支出/经常性财政收入）则不能超过 7%（财政部预算司考察团，2010）。

2. 信用评级

美国对所有公开发行的市政债券进行信用评级。穆迪、标准普尔、惠誉等国际信用评级机构主要从债券发行人的债务规模、债务结构、政府收入情况、预算政策的稳健性、行政纪律以及发行人所处的社会经济环境等方面来对一般责任债券做出信用评级（财政部预算司考察团，2010）。在收益债券的信用评级上，所融资的项目能否产生满足该债券还本付息的现金流显得至关重要。除对市政债券进行信用评级之外，美国信用评级机构还依据地方政府的政治、经济、预算、财政及债务管理等方面的指标对地方政府信用进行评级。为保证能以较低的成本在资本市场中进行债务融资，各地方政府都十分重视其债务管理，保证自身维持在一个较高的信用评级水平。

3. 债券保险

市政债券保险是外部增信手段的一种，它萌生于20世纪70年代，主要具有三项功能：一是加强市政债券的赔偿保证；二是使市政债券获得更高的信用评级；三是扩大债券持有人所持债券的交易能力。为进一步降低市政债券的投资风险，吸引更多的风险厌恶型投资者，越来越多的市政债券向私人保险公司申请保险。在市政债券保险业务日益盛行的背景下，美国成立了金融担保保险协会（AFGI）这一行业性组织。该协会目前仍活跃于美国的市政债券市场，为市政债券市场的各个环节提供保险服务。

4. 信息披露

按照政府会计准则委员会在《政府会计、审计和财务报告》中的规定，美国州及州以下地方政府必须对地方债务进行记录与报告（财政部预算司考察团，2010）。此外，针对市政债券的信息披露，美国城市财政局协会（Municipal – Financial Officers Association）和公共证券协会（Public Security Association）还共同制定并实施了资源信息披露准则。根据这一准则，发行市政债券的地方政府必须及时披露债券存续期内地方财政和法律状况发生的任何重大变化，以满足广大投资者的信息需求。同时，修订后的《证券法》要求，地方政府在公开发行市政债券时须以正式官方声明的方式来公布地方政府的责任与义务，并且在市政债券上市前地方政府须出具专业审计机构提供的审计意见（张志华等，2008）。此外，一些行业自律组织，如美国政府财务师协会（Government Finance Officers Association）和美国市政债券分析师协会（National Federation of Municipal Analysts）等，都制定了关于市政债券信息披露的指导性规则。

5. 风险预警

在众多地方债务风险预警模式中，美国俄亥俄州的财政监测计划（Fiscal Watch Program）和《地方财政紧急状态法》（Code on Local Fiscal Emergencies）比较著名（安立伟，2012a）。在财政监测计划下，州审计部门根据所核查的各地方政府的财政状况来确定是否将某一地方政府划入"预警名单"。一旦被划入"预警名单"，州审计部门便会发布书面通知，宣布对该地方政府的财政状况进行监视。如果该地方政府被发现其财政状况还在进一步恶化，则会被升级至"危机名单"中。一旦地方政府宣布进入财政危机状态，则须成立"财政计划和监督委员会"来负责监督和控制该地方政府的财政状况。这种预警系统有效地促进了地方政府完善自身财政管理，同时，使州政府能及时为陷入财政困境的地方政府提供顾问服务（安立伟，2012b）。

（三）地方政府债务危机化解

美国州及州以下地方政府曾经历过几次大规模的地方债务危机。通常，为确保州及州以下地方政府的治理效率，强化硬预算约束制度，美国联邦政府及州政府都明确拒绝为陷入偿债危机的地方政府提供紧急救援。例如，1994年，加利福尼亚州的橙县发现地方财政已难以承担其债务规模，在宣告破产前试图寻求州政府和联邦政府的救助，但是州政府认为橙县债务危机的根本原因在于市政当局管理不力，为避免道德风险，州政府拒绝提供援助，这一决定也得到了联邦政府的支持。最终，橙县宣告破产，橙县政府和当地居民为解决债务问题付出了巨大的代价。仅有的两个特例是 1997 年联邦政府对华盛顿特区的援助和 2000 年新泽西州对卡姆登市的援助。考虑华盛顿特区独特的财政和政治地位，联邦政府才倾向于对其进行救助。新泽西州对卡姆登市进行救助则主要是为确保当地居民和儿童享有最基本的公共服务，因为卡姆登市居民平均收入水平仅达国家贫困线，犯罪率居于全州首位，教育、卫生等公共服务提供情况本已不尽人意。

（四）地方政府债务管理的纠错问责

美国地方政府债务管理的纠错问责主要体现在其地方政府破产机制上。20世纪 30 年代，美国经济大萧条时期很多地方政府都陷入了财政危机，为应对债务违约风险，美国国会通过了地方政府破产程序的法案，经过多次补充修订后，逐步形成了如今美国的地方政府破产制度。当地方政府无力按照协议承担其债务时，地方政府可宣告破产。宣告破产之后，地方政府成立危机处理小组，通过缩减开支、与债权人谈判、财政调整等方式来处理债务危机。宣告破产将对地方政府后续的债券发行产生极大的不利影响，信用评级的降低将增大融资难度并提高融资成本。同时，宣告破产往往昭示着地方行政长官管理不善，对地方官员的仕途也将产生不良影响。

第三节　巴西地方政府债务管理

作为联邦制国家的巴西由 1 个一级联邦政府、26 个州政府、1 个联邦特区以及约 5000 个规模各异的市政府构成。与别国的市政府相比，巴西市政府由于《宪法》正式赋予的联邦地位而享有更大的自主权。在政府间财政关系上，不明确的支出责任划分导致了公共产品的重复提供和公共资源的严重浪费，税收权力的重叠造成了税收管理的混乱与低效，同时，各地方政府对转移支付都具有不同程度的依赖性。在经历了历史上的三次债务危机之后，巴西逐步强化了地方债务管理，形成了如今的地方债务管理体系。

一、巴西地方政府债务概况

20 世纪 60 年代之后，为筹集基础设施建设所需资金，巴西州政府开始大幅举债。随着债务规模的累积，州政府的财政状况每况愈下，无法抵抗外来因素的冲击。20 世纪 80 年代以来，巴西发生了三次以州政府为主的债务危机。

第一次债务危机以 20 世纪 80 年代末的石油危机为导火索，国际金融市场中的利率攀升导致外债缠身的巴西州政府难以继续履行还本付息的责任，爆发了严重的外债危机。随后，1993 年，巴西州政府纷纷出现无法偿还所欠联邦金融机构债务的状况，出现了第二次债务危机。1994 年，巴西的稳定经济计划使年通货膨胀率大幅下降，这在稳定经济的同时也加剧了地方公务员工资及福利给地方政府造成的经济压力。加上货币紧缩政策所导致的债券实际利率攀升，州政府开始出现债券违约行为，金融市场由此受到强烈冲击，从而引发了第三次债务危机。在这三次危机中，联邦政府迫于州政府强大的影响力都不得不采取救援措施。巴西的政府间债务问题，已成为当今世界上严重且持久的政府债务问题之一。

三次严重的债务危机无疑给巴西敲响了警钟，在吸取了深刻、惨重的教训之后，巴西联邦政府推行了旨在增加公共部门财政盈余的财政稳定计划。2000 年，巴西还通过了《财政责任法》，为州预算、债务管理、人员管理等设置了严格的标准。在实施财政稳定计划和《财政责任法》之后，巴西地方政府的财政状况有所改善，债务规模得以控制，并最终实现了公共部门的预算盈余。

二、中央层次的巴西地方政府债务管理机构

在国家金融管理委员会的授权下，巴西中央银行负责监管商业银行对地方政

府的贷款。根据巴西国际金融委员会颁布的 2653 号规定，所有借款申请在递交给参议院之前都必须先交由中央银行进行审查，中央银行负责审查提交申请的地方政府是否符合参议院第 78 号法案中关于地方政府借款的规定。如果符合，中央银行会将地方政府的申请及自身给出的意见一起递交给参议院。如果地方政府的借款申请存在违反第 78 号法案的情况，中央银行有权拒绝将其申请提交参议院。

三、巴西地方政府债务管理机制

不断膨胀的地方政府债务规模使巴西联邦政府认识到加强地方债务管理的重要性，并开始采用法律手段来对地方政府的债务融资行为实施控制。最具代表性的是 2000 年颁布的《财政责任法》，该法案采用事前规则和事后相应的处罚问责机制来限制地方政府的举债行为。在《财政责任法》中，有一整套可操作性极强的量化指标用于监控并约束地方政府的债务规模，可见巴西偏向于采用规则控制型的地方债务管理机制对地方债务实施监管。

四、巴西地方政府债务管理的具体实践

巴西地方政府债务管理的具体实践大致可分为地方政府债务资金运行管理、地方政府债务风险控制、地方政府债务危机化解以及地方政府债务管理的纠错问责这四个方面。

（一）地方政府债务资金运行管理

在举债方式上，巴西地方政府的债务资金来源多种多样：①从国内私人银行贷款；②在国内资本市场中发行债券；③从国际私人机构取得贷款；④在国际资本市场中发行债券；⑤从联邦金融机构取得贷款；⑥通过各种非正式机构取得贷款。巴西地方政府的借款主要都用于公共基础设施建设。地方财政收入、基础设施项目收入及中央转移支付等是偿债资金的主要来源。

（二）地方政府债务风险控制

巴西通过法律法规、预算管理、规模控制、财政监督检察及信息披露等手段来控制地方债务风险。

1. 法律法规

巴西主要通过两部法案来进行地方债务管理，分别是 1997 年的 9696 法案和 2000 年的《财政责任法》。前者明确设立了对州债务问题进行重新谈判的相关约束条件，并规定联邦政府可对出现债务违约的州政府采取不再提供债务担保、提高债务利息上限等事后惩罚措施。后者在一定程度上补充了 1997 年的 9696 法案，以对总体目标及特定财政指标的限制、纠正机制及惩罚机制为主要内容，并制定了一整套针对联邦、州和地方政府财政预算、执行和报告的总体框架。同时，该法案还对地方政府支出以及借款上限做出了明确的限制性规定。根据《财政责任法》的要求，州及州以下地方政府的薪金支出不得超出其净收入的 60%，州及州以下地方政府的净债务余额上限分别为其财政收入的 2 倍与 1.2 倍，突破上限的部分需要在一年之内还清（《中国地方债务管理研究》课题组，2011）。

2. 预算管理

在巴西，政府收入和支出都必须由年度预算法批准。根据年度预算法，支出目标不明确或分配不受限制的举债应明令禁止。此外，年度预算法不能为时间跨度超过一个财政年度的投资分配资金，除非包含在多年期计划（PPA）中或有相应法律文书的授权。

3. 规模控制

巴西通过需求和供给双方面的控制来防范地方债务风险。在需求方面，第三次债务危机之后通过的第 78 号法案对地方政府的借贷渠道、借款金额、新借款金额、借款主体财力与信用、政府担保额、短期往来款、新债券发行以及债券偿还比例等方面都做出了具体限制（张碧，2011）。这一套控制体系使只有负债和投资均较少的地方政府才能进行举债。在供给方面，中央银行在巴西国家金融管理委员会的授权下限制各银行向公共部门进行贷款，并禁止各银行向违反规定的债务和赤字上限，或无法偿还联邦政府或其他任何银行借款的州发放贷款。根据中央银行的规定，州政府还不得从其下属的银行中借款。此外，巴西国有银行在被列入再融资协议所要求的私有化范围之后也不能再作为地方政府债务融资的渠道。

4. 财政监督检察

巴西立法机构负责检察各级政府是否严格遵守了《财政责任法》的相关规定，具体检察内容包括是否符合预算指导原则的目标，是否符合信贷业务的限制条件，是否将总人事支出控制在各自限额之内，是否将债券债务控制在各自限额之内以及出售资产所获资金的使用情况是否符合法律规定等。

5. 信息披露

根据《财政责任法》的规定，实现财政管理透明的工具应广泛公布，同时，行政部门长官所提交的账户必须在相应的立法机构，以及为其准备工作负责的技术部门内做到全年可供公民及有关机构查阅与评估。巴西地方政府还必须每年将其财政账户的收支情况上报给联邦政府，并每4个月公布一次由地方行政长官签署的政府债务报告。国家信息系统是完成这些信息披露工作的重要工具，它与所有银行联网，由财政部负责建立和维护。这一系统不但高度透明，并且自动运行，并不能被人为控制，一切未在该系统中记录的地方政府借贷活动都将被视为非法交易。

（三）地方政府债务危机化解

在第一次债务危机之后，联邦政府通过将地方政府债务转化为联邦国债的方式重组了190亿美元的地方债务。为化解第二次债务危机，联邦政府除采用转化为联邦国债的方式外，还通过贷款来重组地方债务。同时，联邦政府在与地方政府签订的协议中加入了一条免除条款，规定当各州的偿债成本与其收入之比超过了参议院所规定的上限时，超出部分可以延期偿付。这一免除条款在缓解地方债务危机的同时，也给地方政府造成了联邦政府将随时对其债务提供减免的不良印象。

在吸取了前两次债务危机的教训之后，面对第三次债务危机，联邦政府以一种更加综合的方式来重组地方政府债务，达到抑制地方政府举债冲动的目的。联邦政府与州政府所签订的协议规定，在将州政府债务转化为联邦国债的同时要求州政府出售金额至少相当于其债务20%的政府资产。这一协议还要求各州政府承诺在规定期限内将地方债务占预期收入之比的最大值降至100%。一旦获得联邦和州立法机构的批准，这些协议将要求州政府以其自有收入和分享收入作为重组后债务的担保。这一方式相比之前的单纯援助具有更多的积极意义，但其效果也是有限的。从宏观经济的角度上看，虽然重组协议降低了各州的债务利息成本，但公共部门作为一个整体所支付的利息却并没有降低，并且重组协议无法阻止债务利息的资本化。

（四）地方政府债务管理的纠错问责

违反《财政责任法》的地方政府或个人都将面临严峻的惩罚，未能在法定宽限期内将债务规模调整到法定限额内的地方政府将被列入财政部的"黑名单"，并将被剥夺举债权。此外，一旦地方政府违反《财政责任法》，联邦政府将不再给该地方政府出具债务担保。在个人层面上，如果地方政府债务规模超过了法定的借款上限值，该地方政府的主要负责人将被处以金额为其年薪30%的罚款。若有其他违反《财政责任法》的行为，地方官员可能会遭到弹劾，失去5年内在公共部门任职的机会，甚至被监禁。

第四节 法国地方政府债务管理

作为一个中央集权的单一制国家，法国实行中央、大区、省和市镇四级政府的管理体制。法国推行混合经济模式，在这一模式下，国有部门和私人部门共存，计划指导与市场机制相互补充，宏观调控与微观运行机制互相协调。在财政关系上，地方自治权不断扩大，随着权力的下放，地方财政逐渐建立起了相对独立的财政预算。与政府管理体制相适应，法国预算体系也分为四级，一级政府一级预算，各级预算之间相互独立，不存在隶属关系，但中央对地方的三级财政都拥有事后的法律监督权。法国的政府债务被完全纳入了公共预算管理，议会、审计法院、财政部等都对地方政府债务实施严格的监控，形成了一套较为完整的地方债务管理体系。

一、法国地方政府债务概况

对法国的各级地方政府来说，举债是一种常用的筹资方式。债务管理中心的统计数据显示，法国 2/3 以上的地方政府都以不同的形式进行了债务融资，地方政府的债务余额约占法国政府总债务规模（含中央政府债务）的 10% ~ 15%（马欣，2002）。可见，举债已成为法国地方政府财政运营的重要方面之一。

在法国，各级地方政府均可以对外举债，举债方式主要是银行借款或发行市政债券，其中又以银行借款为主。以 1982 年的政治体制改革为分界点，在此之前，法国地方政府举债以银行借款为主，发行市政债券需要得到中央政府的特许；在此之后，省级及省级以上地方政府在举债上被赋予了更大的自主权，有权自行决定是否发行市政债券，不再需要通过中央政府的审批。然而，市政债券的发行权目前只下放到省级，市镇级地方政府尚无发行市政债券的权利，其负债的主要形式是银行借款。各级地方政府在进行债务融资时一般都以政府资产作为抵押或担保。法国地方政府的银行借款期限通常为 10 ~ 15 年，借款利率基本与市场利率持平。市政债券利率则一般介于国债利率与企业债券利率之间。

虽然法国各级地方政府的对外举债由地方议会和市政当局自主决策，原则上不需要通过上级政府的审批，但是地方政府的债务融资行为仍然处在中央政府的严密监管之下。加上法国各级地方政府在举债上的自律性也较强，因此法国很少出现地方政府财政破产的情况，在历史上也并没有发生过大规模的地方政府债务危机。

二、中央层次的法国地方政府债务管理机构

法国以财政部作为中央层次的地方政府债务管理机构，在财政部的国库司下设立了一个专门的债务管理机构——债务管理中心。法国各级地方政府的资产与负债情况都由债务管理中心来负责监督和管理，以保证各级地方政府都能够按时履行债务的还本付息责任。在法国，国库司的主要职能是监督公共收支和协商制定货币政策，在该司下设立债务管理中心既有利于国家制定综合的政府债务管理政策和财政风险防范措施，又可促进财政政策与货币政策的相互协调。

在债务管理中心内部，设有战略委员会和市场委员会，负责在债务管理政策制定、国库管理、政府债务的市场运作等方面提出建议并给出相关解释。法国的债务管理中心通过内部控制、预算管理控制及外部审计等一系列措施，以期达到优化政府债务期限结构、降低中期债务成本并控制地方债务风险的目的。

除债务管理中心外，财政部还在各省、市镇派驻财政监督机构。这些派驻机构以监督各级地方政府的财政运行状况和债务规模情况为职责，并须及时向上级政府的财政部门汇报发现的任何问题。

三、法国地方政府债务管理机制

一般来说，法国各级地方政府的债务融资行为可由地方议会和政府自主决策，原则上并不需要上级政府或中央政府的行政审批。尽管如此，中央政府依然保持着对地方政府债务融资的严密监控，审计法院、财政部、财政部派驻各省和市镇的财政监督机构在其中发挥了重要作用。正是这种来自中央政府的严密监控和管理，才使法国的地方债务规模被锁定在一个合理的范围，使地方债务风险得到了有效的控制。虽然不存在来自中央政府的事前审批，但是严格的事后监控措

施使法国的地方政府债务管理机制更加接近于行政控制型。

四、法国地方政府债务管理的具体实践

法国主要从地方政府债务资金运行管理、地方政府债务风险控制、地方政府债务危机化解以及地方政府债务管理的纠错问责这四个方面来进行地方政府债务的管理。

（一）地方政府债务资金运行管理

在举债方式上，法国地方政府既可发行市政债券，又可向银行申请贷款，其中银行贷款所占比重相对更大。法国地方信用银行（The Credit Local of France）是法国地方政府最大的债权人，它提供了地方政府负债的近40%。相对于银行贷款，债券融资的成本相对较高且缺乏弹性，加上法国金融市场的其他信贷条件也更适合于银行贷款，因此法国的地方政府债务以银行贷款为主。在举债用途上，法国遵照"黄金准则"，要求地方政府只能将债务资金用于地方性公共工程项目的建设，禁止将债务资金用于弥补政府的经常性预算缺口。在债务偿还方面，地方政府以地方税收、新发行债券或新银行贷款收入（借新还旧）、中央转移支付及偿债准备金等作为偿债资金来源负责自身债务的偿还。

（二）地方政府债务风险控制

法国主要通过行政司法监控、金融监控、债务担保、偿债准备金及信息披露等措施来控制地方政府债务风险。

1. 行政司法监控

在法国，议会、审计法院、财政部及财政部的派驻机构是监控各级地方政府负债以及财政运行状况的主要机构。首先，法国将地方政府债务的形成、变更以及偿还等事项都纳入议会的预算管理，议会通过对财政预算草案的事前审查批准和对政府部门、事业单位支出的事后审计监督这两方面来监控地方政府的负债及财政运行情况。其次，审计法院在国家议会的授权下，可以不受行政权力干预而检查地方政府及其各部门的会计账目等，并负责监督各级地方政府对财政法规的执行情况。为保证预算纪律的执行力度，法国审计法院还专门设置了预算纪律法庭，负责审理各级国家机关领导人的违纪案件。再次，财政部于2001年在国库司成立了债务管理中心，将该中心作为专门的地方政府债务管理机构，由它直接负责监督与管理各级地方政府的资产与负债情况。最后，财政部还在各省、市镇设立派驻机构以监控地方政府的债务融资行为。这些财政部派驻机构以监督和审查各级地方政府的资产负债情况为职责，需及时向上级财政部门汇报发现的有关问题。地方政府在进行举债决策时也需要征求财政部派驻机构的意见，如果地方政府不顾派驻机构的反对，执意通过举债来兴建某项工程，则需向派驻机构以及该省或市镇的总出纳详细解释分歧意见，并做出将自行承担一切财务责任的承诺。

2. 金融监控

来自银行等金融机构的监控也在一定程度上控制了法国地方政府的债务风险。银行作为法国各级地方政府对外举借债务的主要代理，能够清楚地掌握地方政府的负债情况与财政状况，因此能够知悉地方财政运行中可能存在的各种风险。一旦银行发现有关风险，便会及时警告地方政府，并停止为该地方政府提供与举债相关的各种直接与间接代理服务。

3. 债务担保

无论是向银行申请贷款还是发行市政债券，地方政府一般都被要求以政府资产作为抵押或担保。这种债务担保也是控制地方政府债务风险的一种有效机制。

4. 偿债准备金

法国各级地方政府均需按要求设立偿债准备金，用以地方债务风险的防范。如果地方政府无法按时偿还到期债务，可先从偿债准备金中垫付，从而可降低对地方财政正常运行的冲击。同时，对偿债准备金计提也可在一定程度上约束地方政府的债务扩张行为。

5. 信息披露

法国建立了完善的公共预算编制与报告制度，这一制度大大提高了地方政府的债务信息透明度，并为地方政府债务风险的防范奠定了坚实的基础。法国还设有一套完整的政府会计体系，专门负责核算公共预算的收支情况，并监督预算的执行情况。按照规定，每一份法国地方政府公布的预算报告都必须包括一份债务附录，详细反映该地方政府在本财政年度内的重大借贷情况。

（三）地方政府债务危机化解

虽然法国在历史上尚未爆发大规模的地方政府债务危机，但针对可能发生的债务危机也有一套相应的应对措施。一旦地方政府出现偿债危机，各省省长将代表法国总统直接执政，并解散原有的地方政府与议会。中央政府将代替地方政府偿还其所欠债务，但是新选举产生的地方政府和议会须制订新的增税计划以及其他一系列措施来逐步偿还中央政府代为垫付的资金。

（四）地方政府债务管理的纠错问责

法国审计法院在地方政府债务管理的纠错问责中发挥了重要作用。一方面，审计法院负责监督各级地方政府对财政法律法规的执行情况；另一方面，它还检查地方政府各部门及国有企事业单位的会计账目等。针对各级国家机关及国有企事业单位的违法事项，包括其领导人的违纪行为，审计法院都有权进行审理，并可责令相关单位及人员进行整改、赔偿甚至可下令逮捕拘禁。此外，任何单位及人员都不得对审计法院的判决结果进行上诉，审计法院的判决为终审判决。

第五节　启示

通过总结地方政府债务管理的国际经验与教训，我们可以得到以下启示：

首先，一国通常将财政部作为中央层次的地方政府债务管理机构，由该机构负责统筹全国的地方政府性债务管理。在具体的机构设置上，既可由财政部的相关业务部门负责管理，又可设置一个专门的管理机构。财政部在管理地方政府债务的过程中，也应注意与其他部门、地方政府以及市场的相互配合。

其次，各国都是根据自身的财政体制和资本市场成熟情况来选择适合的地方政府债务管理机制。这一管理机制并不是一成不变的，而应随着一国预算约束度、市场约束能力、地方政府负债情况及融资需求等方面因素的变化而变化。同时，四种债务管理机制也并不是非此即彼、相互排斥的。一国通常以某一种管理机制为主，并辅之以其他管理机制，通过这种混合管理模式来对地方政府债务实施强有力的管理。

最后，以地方政府债务管理机制为核心，以中央层次的地方债务管理机构为组织保障，并在地方政府债务管理目标的指引下，各国通过各种事前、事中和事后监管措施来对地方政府债务的资金运行、风险控制、危机化解等环节进行全面管理。常见的事前监管措施包括总量控制、对地方债务资金用途的限制、对地方债务融资的授权与审批、设定发行市政债券的程序与规则等。对地方政府债务的事中监管主要包括地方债务风险预警机制、信用评级机制以及对地方债务信息的及时公开披露等。最主要的事后监管措施是对地方债务管理的纠错问责，如果缺失相应的问责机制，地方政府债务管理的其他各项措施都将难以得到有效的执行。

综上所述，我国可考虑借鉴这种管理经验，在合理确定地方政府债务管理机制、目标与中央层次管理机构的基础上，设计出一系列有效的事前、事中以及事后监管措施来对地方政府的债务融资行为进行治理与规范。

第七章 地方政府债务融资的治理

本书以中国地方政府的债务融资为研究对象，以公共投融资理论、公债理论、财政分权理论等为理论基础，深入分析了地方政府债务融资的现状、影响因素以及经济效应，并利用城投债数据实证检验了有关研究假设。基于前文研究，并借鉴地方政府债务管理的国际经验与教训，本章首先明确了中国地方政府债务融资治理的目标，并指出应在中央财政部特设一个专门负责地方债务管理的机构，由该机构来统筹管理全国地方政府债务，并实现对地方政府债务的统一归口管理。根据中国的预算约束强度、市场约束能力、政治体制以及其他方面的特点，本章还分析了适合中国国情的地方政府债务管理机制，并以该机制为基础，从政府职能转换、财政分权改革、地方政府债券的制度设计、地方政府债务风险预警机制、地方政府信用评级机制、政府会计改革、政府综合财务报告制度以及地方政府债务融资的问责机制等角度提出了一系列事前、事中以及事后监管措施来对地方政府的债务融资行为进行治理与规范。

第一节 地方政府债务管理的目标

在国际上，地方政府债务管理的目标往往聚焦于成本与风险两个方面，要求地方政府在一定的风险范围内实现债务融资成本的最小化。然而，考虑中国地方政府负债的现状以及中国的制度环境，这样的目标并不适合于中国当前的国情。

目前，中国地方政府债务规模膨胀，举债过程以及债务资金的使用过程都存在诸多不合理、不规范之处。地方政府债务存在的种种问题导致了巨大的债务风险，因此，控制地方债务风险、尽快实现地方政府债务的良性运行乃当务之急，应将此作为中国地方政府债务管理的短期目标。具体来说，地方政府债务的良性运行应该包括四个方面，即规范、适度、透明和高效（张文君，2013）。所谓规范，指的是地方政府举债应按照法定规则来进行，从举债决策到具体举债行为的实施，再到债务资金的使用与偿还以及对债务违约的处理都应做到有章可循、按章办事。地方政府举债的规范化是地方政府债务管理的首要目标，也是实现适度、透明与高效的重要前提条件。适度指的是地方政府举债应根据地方财力量力而行，不能盲目举债。适度的地方债务规模是实现债务可持续发展、维护代际公平的基本要求，也是实现地方债务高效运作的条件之一。所谓透明，指的就是准确、及时和全面地公开地方政府债务信息，使立法机关、上级政府、社会公众以及媒体等利益相关者都能够从公开、易得的渠道获取地方政府债务信息。地方政府债务的透明化是地方政府履行财政受托责任的根本要求，有利于加强债权人、投资者、媒体以及广大社会公众对地方政府债务融资行为的监督，限制地方债务规模的过度膨胀，并提高债务资金的使用效率。高效指的是提高地方政府债务的效率，表现为债务资金的使用效率、债务管理活动本身的资源配置效率、整个社会的财富与福利水平以及资源配置效率等多个方面。地方政府债务的高效运行是地方公共品供给数量与质量的重要保障，也是提高地方经济发展水平的要求。规范、适度、透明与高效这四个方面相互配合，形成一个有机整体，共同促进地方债务良性运行这一目标的实现。

从长期来看，控制地方债务风险、实现地方政府债务的良性运行并不是最终目的。随着地方经济的发展与财政分权改革的不断深化，举债权将成为地方政府的重要财权之一，因此，地方债务管理的目标不是消除地方债务。从长远来看，地方政府债务管理的长期目标应着眼于使地方政府举债能够更好地服务于地方政府职能的履行，为地方的发展与治理、国家的长治久安服务。

第二节　中央层次的地方政府债务管理机构

国际上的通行做法是将中央层次的地方政府债务管理机构内设于财政部，在具体设置上又包括两种类型：一是由财政部的相关业务部门来负责管理地方政府债务，如加拿大、荷兰、南非等国；二是在财政部内设置一个专门的地方政府债务管理机构，如澳大利亚的借款委员会、法国的债务管理中心、新西兰的债务管理办公室等。

考虑中国目前地方政府债务问题的严峻性，为加强地方债务管理并凸显中央对这一问题的重视，本书建议借鉴法国、澳大利亚等国的做法，在中央财政部内设一个专门的地方政府债务管理机构，由该机构负责统筹规划全国地方政府性债务的管理，完善针对地方政府债务的管理制度，充实相关债务管理力量，做好债务规模控制、债券发行、预算管理、统计分析和风险监控等工作。与财政部地方债务管理工作相配合，发展改革部门要加强对地方政府投资计划的管理与相关项目的审批，从严审批债务风险较高地区的新开工项目；金融监管部门也要对各地的金融机构加强监管并正确引导，严禁金融机构等违法违规向地方政府提供债务融资；审计部门也需依法加强对地方政府债务的审计监督，促进地方政府债务管理制度的完善，防范地方债务风险，规范地方债务管理，提高债务资金的使用效率。各部门之间须切实履行各自职责，并加强相互间的协调与配合，以全面做好加强地方政府债务管理的各项工作。在中央财政部门的领导下，各地方政府同级财政部门应对地方政府及其部门、所属单位负债实行统一归口管理，承担本级政府性债务管理的具体职责，努力扭转当前多头举债、权责不清、调控不力的局面，将地方政府性债务控制在地方财力的可承受范围之内。

第三节　地方政府债务管理机制的选择

Ter – Minassian 和 Craig（1997）共总结了四种基本的债务管理机制，即市场约束型、共同协商型、规则控制型以及行政控制型。地方政府债务管理机制的选择通常取决于一国市场的约束能力和预算约束的严格程度。在高市场约束能力与硬预算约束的条件下，完全依赖市场约束不失为一种选择，但在大多数情况下这并不是一种好的选择。当市场的约束能力偏弱时，往往需要更加严格的借债规则对地方政府的债务融资行为加以控制。当预算约束程度较弱时，地方政府往往会产生上级政府救援的预期，即使市场约束能力较强，此时来自上级政府的行政控制也依然十分重要，更为灵活的协商控制有时也是一种合适的选择。在市场与预算约束能力均较弱的情况下，基于规则或行政的控制可能都无法约束地方政府的过度举债行为甚至地方财政危机。同时，一国在选择债务管理机制时必须考虑自身的政治体制特性，以及政府间财政关系、是否存在救援先例、纵向财政缺口程度等其他制度特征。

考虑中国的市场约束力、预算约束强度以及其他制度特征，在地方政府债务管理制度建立之初，宜采用以行政控制为主的债务管理机制，并辅之以一定的规则控制与市场约束（《中国地方债务管理研究》课题组，2011）。在中国当前央地预算关系还未进一步硬化、市场作用还无法充分发挥的情况下，应充分发挥行政控制在经济相对分权时期显著的监督和控制作用，设计一整套严格的地方债务会计核算与报告、预警、发行程序、审批、风险控制与问责机制来对地方政府债务进行事前、事中和事后监控。由于行政控制这一管理机制将中央政府对地方债务的隐性担保显性化，再加上地方政府的道德风险，中央财政风险可能被进一步扩大，因此中央政府需要推进政府间财政关系改革，硬化预算约束，逐步培育市场和法律规则发挥作用所需的环境，并在坚持以行政控制为主的情况下辅之以一定的规则控制与市场约束。

随着地方政府债务管理制度的不断发展以及政府间财政关系的不断完善，规则控制应逐步从辅助地位上升到主导地位。同时，随着金融市场改革的推进以及地方债务市场的成熟，市场约束也应在地方政府债务管理上发挥更大的作用。是否由以行政控制为主过渡到以规则控制为主，以及何时实现这种过渡，应该依据中国今后具体的发展情况。

第四节　地方政府债务融资治理体系的建设

以所确定的地方政府债务管理机制为核心，借鉴国际经验与教训，并结合中国国情以及中国目前地方政府债务融资存在的各种突出问题，本书设计了一整套针对地方政府债务融资的治理体系，包括各种事前、事中及事后监管措施。具体来说，在事前监管上，本书建议尽快实现政府职能的彻底转换，深化财政分权改革，并将总量控制、地方政府债券的审批与授权以及债券收入的用途限制等事前监控措施融入地方政府债券的制度设计中；在事中监管上，本书建议建立起地方政府债务风险预警机制与地方政府信用评级机制，并通过政府会计改革与政府综合财务报告制度来完善对地方政府债务信息的核算与披露，提高地方债务信息的透明度，从而为地方政府债务融资治理体系的有效运行提供完备、可靠的信息支持；在事后监管上，本书建议建立起地方政府债务融资的问责机制，对地方政府的违规举债、违规承诺担保、债务违约以及债务管理不善等行为施以严厉的惩罚，以保证地方政府债务融资治理制度的执行力度（见图7-1）。

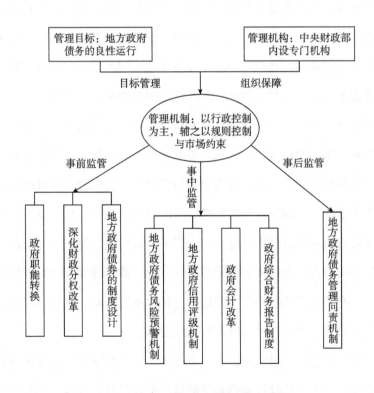

图7-1 地方政府债务管理的制度框架

资料来源：笔者绘制。

一、政府职能转换

目前，中国地方政府债务融资存在的一个突出问题是政府职能转换还不彻底，政府与市场之间的关系还未理清，导致地方政府过度介入了一些市场自身能够实现资源配置的投资领域，特别是地方政府融资平台在很大程度上发挥了本应由民间企业家来发挥的作用，最终造成了地方政府债务规模的过度膨胀。

根据公共产品理论，一种产品究竟是由政府还是私人部门来提供，主要取决于界定产权的交易费用、市场的大小以及产品是否具有非竞争性特征（张永生等，2013）。其中，产权界定成本的高低与市场的大小是最关键的两个维度，而产品是否具备非竞争性更多的只是产品的技术特征。一般来说，产权界定成本高且市场小的产品，应由政府来提供，而产权界定成本低且市场大的产品则应由私人部门提供才更有效率，产权界定成本高且市场大或产权界定成本低且市场小的产品则可考虑采用公私合营（PPP）的模式或由政府投资。由此可见，中国目前大部分的公共投资，如公共交通等，其实可以由私人部门来提供。即使无法完全由私人部门来提供，也可大胆引入私人资本，拓展私人资本的投资领域与市场空间。因此，控制地方债务规模，防控地方债务风险，首先应实现政府职能的彻底转换，改革当前的地方政府投融资模式。与政府投资相比，私人资本的引入不仅可以缓和地方政府的财政压力，还可促进资本的市场化分配，并降低政府投资对私人投资的挤出效应，最终将有助于缓解地方政府债务融资可能对经济发展产生的负面效应，有利于整体经济效率的提高。具体来说，本书建议从三个方面来实现政府职能的转换与地方政府投融资模式的改革。

首先，对于公益性建设领域，如义务教育、卫生防疫等，应由地方政府承担主要的融资职能，为这些领域的公共投资提供资金保障。然而，这并不意味着此类公共产品的投资运营都需要由地方政府来单独承担。在这些投资领域，可考虑实行"代建制"，即地方政府通过招标的方式选择专业化的项目管理机构来负责政府项目的建设与管理任务，并在项目建成后交付使用单位。此外，地方政府应鼓励并支持私人资本通过捐赠等方式参与社会公益事业投资，以缓解地方政府的筹资压力。

其次，对于准公益性建设领域，如市政设施、高等教育、医疗等，应遵循市场化原则，通过少量引导性的政府直接投资，来吸引更多的私人资本参与，并通过投资补助等形式来支持私人投资，实现"政府引导、市场化运作"的经营模式。在这一类建设领域中，还可考虑采用公私合营（PPP）模式，这一模式将私人资本引入基础设施建设等项目的投资与运营之中，按照市场化的方式进行运作，既可缓解地方政府的筹资压力，又有助于提高项目的运营效率。

最后，对于经营性建设领域，应由私人资本来担当投资主体，地方政府应为扩大私人投资当好"配角"，实现更大限度地发挥市场在资源配置中的基础作用。2010年，《国务院关于鼓励和引导民间投资健康发展的若干意见》（国发〔2010〕13号）明确提出要在垄断性领域中大力引入私人资本。地方政府应积极响应这一文件，推动能源、水利、电信等垄断性行业的体制改革，为这些领域私人投资的扩大创造有利条件。在可以通过市场运营的领域中，应将资金筹措等任务最大限度地交还给市场主体，地方政府对这些领域的介入应仅限于财政补助、税收优惠、融资优惠等外围手段。

二、深化财政分权改革

对地方政府而言，财权与事权不匹配的财政分权格局导致了严重的财政赤字，使地方政府不得不通过举债来筹集资金。因此，要从根本上治理地方政府的债务融资，深化财政分权改革势在必行。深化财政分权改革的核心在于完善中央与地方政府间的财政关系，明确各级政府间的事权与支出责任，并建立起科学、高效、规范的财政转移支付制度，从而使地方政府的财权与事权趋于平衡。

首先，中央政府应本着财权与事权相匹配的原则来推进财政分权改革，合理调整中央政府与地方政府之间财权与事权的划分，在财权向中央集中的情况下中央政府也应多承担相应的支出责任，或者在下放事权的同时赋予地方政府更多的收入，以缓解地方政府的财政压力。在财权上，举债权也是地方政府财权的一个重要方面。中国地方政府普遍收入不足，单纯依靠自身财源与中央政府的转移支付收入难以满足政府职能履行的需求，因此，本书建议赋予地方政府一定的举债权。《中共中央关于全面深化改革若干重大问题的决定》要求，允许地方政府通过发债等多种方式拓宽城市建设融资渠道，修订过的《中华人民共和国预算法》也放开了地方政府发行地方政府债券的闸门。这些文件都反映出了中国当前形势的迫切需求，也凸显了赋予地方政府举债权的必要性。在事权上，本书建议可按照公共产品的受益范围来确定各级政府的事权，明确、清晰、合理地划分中央和各级地方政府间的事权范围。此外，中央政府还可针对不同地区的经济发展水平，科学分配各地区间的财权与事权，使经济发达地区与相对落后地区的财权与事权都能相匹配。

其次，中央政府应重视转移支付的作用，提高纵向转移支付体系中公式化一般转移支付的比重，增强转移支付分配数量的确定性，以弱化现有的公共池塘问题。本书还建议将转移支付法律化，提高转移支付制度的透明度与约束力，以避免现存的随意性。在重视转移支付作用的同时，中央政府还应采取措施强化地方政府的自治能力，避免地方政府过度依赖中央政府的转移支付。

再次，中央政府应着力硬化预算约束强度，建立起全口径的地方政府预算体系。中央政府可考虑通过立法手段来限制上级政府的救助权力，以降低地方政府与银行等金融机构对中央政府的兜底预期，从而实现用法律和透明度来制约地方政府的过度举债。

最后，中央政府应采取措施治理现存的吃饭财政问题。目前，中国地方政府的债务融资表现出过度依赖土地财政的问题，土地财政所带来的财富效应在一定程度上助长了地方政府的债务融资冲动。解决土地财政问题的关键在于稳定地方政府的财政收入流量，完善地方税收制度，并推进土地制度改革。"吃饭财政"这种不合理的地方政府支出结构也增长了地方政府的债务融资需求。要解决这一问题，则需建立并完善地方政府，尤其是低层级地方政府的基本财力保障机制，增强地方"造血"功能，并优化地方政府的支出结构。

三、地方政府债券的制度设计

中国地方政府债务融资当前存在的一大问题是缺乏正规的债务融资渠道，大量债务处在"地下"状态。之所以出现这一问题，在于中国地方政府在法律层面上并不具备举债权，因此，地方政府在面临财政缺口时通过组建融资平台公司等方式间接地进行债务融资。大量"地下"债务无法在现有的法律框架下进行有效约束和监管，存在极大的风险隐患和危害，因此治理地方政府债务问题的关键之一是开辟新的、规范性的地方政府债务融资渠道。

地方政府债券也被称为市政债券（Municipal Bonds），是地方政府或其授权代理机构根据信用原则、以承担还本付息责任为前提而发行的有价证券，所筹集资金主要用于市政基础设施和社会公益性项目的建设。美国、澳大利亚、法国等国家都允许其地方政府通过发行地方政府债券为基础设施建设等市政项目进行债务融资。从国外经验来看，发展地方政府债券市场，不仅可以为地方政府的大型公用事业投资筹集资金，还能推动证券市场体系以及资本市场体系的创新与完善。地方政府债券作为地方政府的一种债务融资方式，以竞争与公共监管为基础，它对地方政府债务融资行为的约束程度比银行贷款要强得多，相比之下更有利于地方政府债务风险的防控。因此，发行地方政府债券和赋予地方政府公开、合理的举债权是促进地方政府债务管理科学化与规范化的必经之路，是地方经济发展的大势所趋。修订过的《中华人民共和国预算法》规定，经国务院批准的省、自治区、直辖市预算中必需的建设投资的部分资金，可以在国务院确定的限额内，通过发行地方政府债券以举借债务的方式筹措。这一新规定使中国地方政府发债合法化，迈出了发展地方政府债券最重要的一步。

（一）中国发行地方政府债券的可行性分析

中国发行地方政府债券的条件与时机已日趋成熟，中国当前各方面的条件都十分适合地方政府债券的发行。

第一，从中国的宏观经济环境上看，随着中国经济的快速发展，国民经济各部门都产生了大量盈余资金，为地方政府发行债券融资提供了丰富的资金供给；随着城市化进程的加快，地方政府的公共投资增长迅猛，创造了对社会资金的巨大需求；存款性金融机构存贷款差额巨大，大量资金滞留于金融市场中，允许地方政府发行债券在规范地方政府债务融资渠道的同时，不仅可以缓解中国金融业目前普遍存在的"流动性过剩"问题，还有利于建立起功能全面的金融市场，以更好地发挥金融市场在中国经济、社会发展中所能起到的作用；中国在对外贸易方面始终保持贸易顺差，积累了巨额外汇储备，同时大量国外资本也进入中国市场，这无疑为地方政府发行债券融资提供了潜在的空间。

第二，从中国财政体制方面来看，分税制改革使中国的分级财政体制初步建立起来，国税与地税的征收都有相对独立的机构，地方政府拥有了相对明确的行政管理与财政收入分配权，特别是地方基础设施建设需要地方政府自主筹划与融资。随着地方管理的日渐成熟，地方政府对地方发展的重点和次序逐步形成了长远规划，随领导人更换而改变的"易变性"逐渐降低，为中长期地方政府债券的发行奠定了重要基础。

第三，中国资本市场不断发展，各类监管机构与监管体系也日益完善，初步确立了集中监管与市场自律相结合的市场监管模式，各种自律性组织的监管作用也更加显现，为地方政府债券的发行创造了条件。

第四，中央政府在发行国债方面已经积累了大量宝贵经验，地方政府自行发债的试点工作以及城投债的大量发行都为地方政府债券的发行提供了有益参考。

第五，中国投资者越来越回归理性，对有稳定收益的债券投资的关注度日益高涨，且中国投资者以风险规避型居多，号称"银边债券"的地方政府债券在投资安全性、长期收益稳定性、流动性以及政府政策支持等方面的优势使其更容易获得投资者的青睐。

总的来说，从目前来看，建立中国地方政府债券市场是完全可行的。

（二）中国发行地方政府债券的必要性分析

发展地方政府债券，于中国而言并不仅是可行的，还是十分必要的。地方政府债券有助于改变中国当前地方政府融资渠道混乱、缺乏统一规划的现状，是规范地方政府现有举债行为、防范地方政府财政风险的迫切需要。与其使地方政府债务在制度外以各种不确定的形式肆意发展，不如在加强立法监督、明确职责的前提下放开地方政府债券的发行。公开透明的发债比隐形变相的融资显然更容易得到监督与管理。发行地方政府债券不仅可使当前状态下的无序融资转化为有序融资，使地方债务逐渐明朗化，也便于中央政府更好地进行宏观调控，为化解与防范财政风险提供可能。

同时，发行地方政府债券也是加快城市化进程，推动地方基础设施建设以及发挥地方政府职能作用的需要。中国是城乡二元结构，当前基础设施投资水平仍有待进一步提高，完善地方基础设施也是政府职能的一个重要方面。要履行好这一职能，提高基础设施供给水平，就需要赋予地方政府新的融资渠道——地方政府债券，以解决投资资金短缺的问题。

不仅如此，地方政府债券在完善中国金融市场方面也能发挥重要作用。地方政府债券的发行可丰富中国金融市场中的交易品种，拓宽广大投资者的投资渠道，满足机构投资者以及其他风险偏好较低的投资者的投资需求，地方政府债券还可以作为央行在货币市场中进行公开市场操作的标的物，扩大央行流动性管理空间，并促进货币政策工具的完善。

（三）地方政府债券的制度设计

鉴于地方政府债券在中国发行的可行性与必要性，中国需循序渐进地发展地方政府债券，完善对地方政府债券的制度设计，逐步建立起科学、健康、透明的地方政府债券市场。在中国目前的财政体制、金融体制与资本市场发育条件下，地方政府债券的制度设计既要充分考虑对地方政府债务风险的控制与防范，将各种事前控制措施融入地方政府债券制度，又要兼顾地方政府的融资效率，从而设计出安全、高效的地方政府债券管理办法。

1. 地方政府债券的发行

中国目前正处在经济转轨时期，地方政府普遍存在软预算约束问题，并具有无限扩张支出的倾向与冲动，加上中国市场约束机制的不健全，为更好地控制地方政府债务风险，应实行相对集中统一的地方政府债券管理制度，对地方政府债券的发行采取行政审批制。行政审批可以最大限度地保证中央政府对地方政府债券发行的批准权、审核权、总量控制权以及对债务资金收支使用情况的检查审计权。在这一制度下，每一财政年度，省级地方政府须根据其所辖市、县级地方政府的融资需求，核算省政府计划发行地方政府债券的总体规模，并向中央政府提出发债申请。同时，财政部每年须编制地方政府债券计划，具体包括地方政府债券可发行的总体规模、融资使用限制和各种发行方式的发债额等，并定期提交给中央政府。中央政府根据各省级政府的发债申请以及财政部的地方政府债券计划，结合国民经济发展战略和各项经济发展目标、经济发展规划以及国家财政安全等多方面因素，综合确定地方政府债券的总体规模、品种及结构等，并根据各省区市的财政实力在各省级发债主体中分配发债规模（曹晓武，2012）。在中央的统一规划与调控下，还需尽可能地让律师事务所、注册会计师事务所、证券评级机构等市场中介组织加入到对地方政府债券的约束与监督中。

下面将从发债主体、品种、用途、规模、期限、利率、发行方式以及债券偿还几个方面来谈论地方政府债券发行的细节设计：

（1）发债主体。在地方政府债券的发行初期，由于发债经验尚有不足，考虑地方政府的现实举债需求与偿债能力，为控制地方政府债务风险，并保证整个财政体系的安全，地方政府债券的发行主体范围不宜过宽。基于对地方政府财政收支、偿债能力以及中央监管难度等方面的考量，发债主体资格的下放程度应截至省级地方政府，同时还需设计一套财务指标体系来规范发债主体资格的确定。只有满足一定条件的省级地方政府才具备发债资格，如经常性预算平衡、良好的资信、没有债务违约记录、具备一定抵御风险的能力等。此外，为强化地方政府发债的偿付责任并保证债务融资的使用效率，建议中国可实行"地方政府债券发行主体与融资主体相分离"的模式，即由省级地方政府发行地方政府债券并承担相应的偿还责任，并由省级地方政府向市、县级地方政府统筹分配融资款项，以保证地方政府债券发行主体与融资主体的独立性（《中国地方债务管理研究》课题组，2011）。

（2）品种。地方政府债券通常被分为一般责任债券（General Obligation Bonds）和收益债券（Revenue Bonds）两种。两者最主要的区别在于一般责任债券以地方政府的全部税收收入作为还款来源，并以发债政府信用与全部财政收入作为担保，而收益债券仅以特定项目投资收益或特定的税收资源作为还款来源，以融资项目的预期收益作为担保。因此，相对于一般责任债券而言，收益债券的财政风险要小得多。综观中国目前的财政体制、资本市场成熟度、地方财政风险以及融资效率等诸多因素，在短期内发行一般责任债券的难度较大，且道德风险问题过大，应将债券品种限定为收益债券，以此作为发展地方政府债券的突破口（宋立，2004）。等各方面条件都基本成熟时，尤其是当金融市场中保险业可以为地方政府发行一般责任债券提供担保时，再适度发行一般责任债券。

（3）用途。根据通用的"黄金法则"，中国应限定地方政府债券收入不能用于弥补地方政府经常性支出的赤字，也不能用于一般竞争性领域的经济建设项目以及对地方高新技术企业的支持或者市场调节的加工工业项目。当地方政府可选择发行一般责任债券或收益债券时，则应根据债券类型来限定债务资金的用途。一般来说，收益债券收入主要应用于地方基础设施建设项目，如通信、交通、电力、煤气、供水等，一般责任债券收入则主要用于地方公益性项目，如义务基础教育、科教文卫、环境保护等。

（4）规模。对于地方政府债券的发行规模，应实行全国发行总量与地区发行规模双重控制的办法，确保将地方政府债务风险锁定在安全范围。对全国发行总量的控制应根据政府债务负担率、债务依存度、偿债率等指标的安全警戒线来确定整个地方政府债券发行规模的安全区间，并以该安全区间为基础综合考虑社会经济发展需要、现有地方债务实际规模、央地财政关系、资本市场金融产品结构以及资本供求关系等因素来最终确定发行地方政府债券的总体额度。在地方政府债券总额度的基础上，中央再根据各省级地方政府的申报、各地区经济发展水平、现有债务规模、资本市场中资金供求关系等因素在各发债主体间分配所确定的总额度。针对各地方的发债规模，应建立起地方债规模量化指标体系，进行量化控制，并根据各地区情况的不同，因地制宜，区别对待。

（5）期限。地方政府债券期限的确定应与地方经济发展趋势相适应，使偿债期与经济繁荣期相吻合。考虑地方政府债券主要为资本性项目融资，项目建设周期一般较长，为保证资金的运营效益与地方政府的偿债能力，债券期限不宜过短，以 5～15 年以上的中长期债券为宜，具体期限应根据项目建设周期、预期收益、融资成本等来确定。

（6）利率。根据"高风险、高收益"的原则，地方政府债券作为风险仅高于国债的"银边债券"，其利率应高于国债利率，并低于其他企业债券利率。地方政府债券的利率设计应参考市场利率、同期国债利率、银行存款利率、企业债券利率、地方财政宽裕程度以及所投资项目的收益情况等而定，同时还需兼顾不同发行主体的信用水平。地方政府债券的发行期限也是确定利率所需考虑的因素之一，建议短期债券可采用固定利率，长期债券可采用浮动利率。

（7）发行方式。地方政府债券发行有公募和私募两种方式可供选择。对于发行方式的选择，应综合考虑发债规模、对社会影响程度的大小、发行成本与速度等多方因素而定。一般而言，规模较小的地方政府债券融资可考虑采用私募方式，当发债规模较大时则建议采用公募方式发行。同时，还应根据中国地方政府债券发展的不同时期以及债券社会影响力的大小来选择债券的销售方式。在地方政府债券发展的初期，公募发行的债券建议采用承购包销的方式，以降低融资主体的发债风险并保证债券的销售。待条件成熟时，可采用招标方式，以降低融资成本。对于私募发行的债券，如果债券的社会影响力较大则建议采用招标方式，对于社会影响力较小的债券则可采用定价发行。地方政府债券的发行必须要杜绝暗箱操作，并确保发行方式具有一定的灵活性，可以考虑公募与私募并举、定价与竞价共存、协议承销与竞价承销并存的方式。此外，发行时间也是地方政府债券发行所需考虑的重要因素之一。在发行时间的确定上，地方政府债券的发行应避开国债发行时间，同时也需避免不同地区在发债时间上的冲突。

（8）债券偿还。"借新还旧"是中国目前地方政府在债务偿还上普遍存在的一种现象，这种滚动式发债的做法很容易造成地方政府债务规模的无限扩张。为避免地方债务风险的累积，应严格禁止地方政府的这种做法。为确保按时还本付息，地方政府应设立专门的偿债基金，并接受地方立法机构的监督，建立起有效、稳定的地方政府债券偿还机制。

2. 地方政府债券的监管

考虑中国目前债券市场的成熟程度与发展阶段，对地方政府债券的监管应以增强监管权的统一性与执法力度为首要目标。借鉴美国对其市政债券的监管经验，建议将对中国地方政府债券的监管权整合到证监会手中，中国人民银行和财政部则仅负责相关政策的制定，可考虑在中国证监会下设立地方政府债券监管部，专门负责地方政府债券的监管工作。在中国证监会对地方政府债券进行集中统一监管的前提下，中国人民银行、财政部、银保监会等各部门之间也有必要建立相关的地方政府债券风险监管小组，搭建起协同监管的平台，并做到信息共享。对地方政府债券的监管应以事前监管为主，制定地方政府发行债券的种种细则规定，如前文所提到的债券发行主体资格确定、发行程序、资金用途、发行规模等，防患于未然。

尤为重要的是，证监会需要对地方政府债券的信息披露规则做出强制性要求，特别是在地方政府官方陈述的准确性与及时性、信息不恰当遗漏后的补救、反欺诈条款等方面，以保证地方政府及时、定期地向上级政府以及社会公众准确地披露负债情况。地方政府债券的信息披露机制能使中央政府以及广大投资者及时了解地方政府的债务现状，能够影响地方政府债券在投资者心中的信用程度以及地方政府债券的流通情况，从而使地方政府规范自身举债行为，对地方政府债券的安全运行与地方政府债务风险的有效防范都能起到积极的约束作用。同时，规范的信息披露制度也有利于确保对地方政府债券信用评级的客观性与准确性。

信用评级制度也是地方政府债券监管的一个重要方面，它的核心功能在于降低债券市场中的信息不对称程度，从而监督地方政府规范自身举债行为。国外规范化债券市场的运作都有信用评级机构的参与，这些评级机构必须保证自身的独立性与公信力，公正地对发债主体的信誉以及债务偿还能力进行评估，并将评估结果对外公开，供投资者决策参考之用。地方政府债券信用程度的高低，对地方政府的融资成本，甚至债券融资的成功与否都有着至关重要的作用。信用评级制度可督促地方政府约束自身的债务融资行为，避免因地方政府的发债冲动而可能导致的地方政府信用丧失，在一定程度上可起到"准监管者"的作用。因此，完善中国的地方政府债券信用评级制度、强化信用评级在地方政府债券发行中的作用是促使地方政府债券市场健康发展的重要前提。

要对地方政府债券进行客观公正的评级，首先需要培育独立权威的评级机构。从股份结构上看，中国的信用评级机构可分为国有控股、外资控股和独立股份三类。在对地方政府债券的评级中，国有控股的评级机构显然缺乏独立性，难以做到客观、公正、权威。外资控股的信用评级机构也可能因国际政治关系的影响而导致债券评级的公正性遭到质疑。因此，建议应着重培育独立股份的信用评级机构，将评级机构改造成由自然人或法人持股的独立股份公司，并要求评级机构不能与政府、金融机构以及债券发行主体存在任何关联关系，以强化信用评级机构的独立性。在对地方政府债券的信用评级过程中，信用评级机构需要重点衡量融资项目的预期收益、发债政府的财力状况与综合治理能力以及该地区的经济发展情况，并根据地方政府各方情况的变化及时更新地方政府债券的信用评级，力求构建出一个多层次的动态信用评级框架。关于信用评级的收费，按照惯例，评级费一般为债券发行规模或市值的 2‰~3‰，这种收费方式将信用评级机构与债券发行方的利益紧密地联系在一起，有损于信用评级机构的独立性。因此，本书建议在发展地方政府债券的初期，建立起"第三方付费"的信用评级收费制度，由中央政府来承担信用评级的费用，避免发债政府与信用评级机构之间的利益关联。在信用评级制度的建设与完善中，不容忽视的还有增信制度的推进，尤其是地方政府债券的保险制度。这些制度的完善对降低地方政府债券的融资成本、增强投资者信心、促进地方政府债券市场的结构合理化调整等都具有重要意义。

3. 地方政府债券的交易

债券的交易有场内交易、场外交易等多种交易方式。结合中国债券市场的结构特征和目前其所处的发展阶段，建议地方政府债券的交易采用"场外和场内市场相结合"的方式。在地方政府债券发行的初期，预期市场中以个人投资者居多，债券交易相应地应以场内交易为主，采用指令驱动式的交易机制。随着地方政府债券市场的发展，机构投资者将日益增多，债券市场结构将向高度机构化方向转变，与这一转变相适应的是，地方政府债券的交易也应引入双边报价和交易商做市的交易模式，改变最初仅以撮合方式为主的交易格局。中国的债券市场长期以来一直依附于股票市场，债券交易采用与股票交易一致的中央净额交收方式。未来有必要将债券与股票的交易结算相分离，建立起债券交易的多种结算方式，对于撮合系统可沿用现有的净额交收方式，而大宗交易系统和报价系统则建议采用全额、逐笔的交收方式，以降低结算风险。同时，对于地方政府债券，尤其是收益债券，资金结算可考虑依托中央银行或国有大型商业银行的实时资金划拨系统来进行。这一方式在方便结算的同时还能进一步加强中央政府对地方政府债券融资资金的监督。

4. 地方政府债券的退出

地方政府债券的退出有持有到期、债券回购和破产清算三种模式，具体的选择应结合债券发行主体履行偿债能力的大小来决定。大多数地方政府债券，发债政府都能按时履行还本付息的责任，直至债券到期日。在这种情况下，债券的发行主体与投资主体都能从中受益，债券融资取得成功。当发债政府预算结余充裕或融资项目实际收益大于预期收益而产生了大量项目盈余资金时，发债的地方政府可选择回购债券以节约融资成本。为方便债券回购，发债的地方政府应在债券招募说明书中提前约定赎回条件。由于中国目前还不允许个人参与债券回购交易，债券回购应限定在银行间市场进行。当建设项目未达到预期目的或融资项目未达到预期收益，发债方无法按时向投资者支付利息时，发行债券的地方政府将不得不进行破产清算。收益债券破产清算的概率相对更大，一旦融资项目破产，投资者只能从破产清算后的资产中获得赔付。由于中国不允许地方政府破产，若发行一般责任债券，则须要求地方政府为债券购买保险，一旦破产，则根据地方政府与保险公司之间的协议由保险公司对投资者进行赔付。在与保险公司签订协议时，地方政府应在保险协议中明确在哪些情况下将由保险公司代地方政府履行债券偿还义务，并保证投资者的投资收益不低于或仅略低于预期投资收益。

四、地方政府债务风险预警机制

构建完善、健全的地方政府债务风险预警机制，对地方政府债务管理与风险监控具有非同小可的意义。地方政府债务风险预警机制是在全面分析地方政府债务状况的基础之上，通过观察一系列反映地方政府财政状况、债务规模与结构、风险状况以及偿债能力等的统计指标和统计数据的变化，对地方政府可能或将要面临的风险危机进行识别，并在偿债风险超出预期限度或发生重大危机之前及时向地方政府发出预警信号，从而使地方政府能及时对债务风险加以调控的一种事中风险监控办法。这一机制的优势在于能尽早识别地方政府的债务风险，在风险萌芽之初便采取措施加以控制，从而以最小的成本达到控制风险的最大效益。

美国俄亥俄州的债务预警机制与哥伦比亚的"交通信号灯"制度都是地方政府债务风险预警的典型成功案例。两国都通过一系列预警指标来监控地方政府的债务风险，一旦一个或多个指标超出界限值，则发出预警信号，并要求地方政府采取一定的风险控制措施将相应指标拉回安全范围。可见，地方政府债务风险预警机制的建立，关键在于风险预警指标的选择以及相应警戒值的确定。中国的地方政府债务风险预警机制也早已建立。广东省是中国第一个建立风险预警机制的省份，该省于 2005 年颁布了《关于加强广东省地方政府债务管理的意见》（粤府办〔2005〕50 号），要求其所辖市、县采用债务依存度、债务负担率和偿债率作为主要风险指标来建立地方政府债务风险评价预警体系。然而，由于这一机制的内在缺陷以及执行力度的不足，中国地方政府的风险预警机制象征意义远大于其实际功用。为改变这一现状，本书认为有必要完善地方政府的债务风险预警机制，使其能够真正发挥控制地方政府债务风险的作用。

（一）地方政府债务风险预警指标

地方政府债务风险预警指标的合理选取是预警机制能够有效发挥效用的重要前提条件。总体而言，预警指标的选择需遵循以下几个原则：一是规范性，即应选择国际上惯用的风险监测指标，尽量与国际接轨；二是重要性，即所选择的指标应对地方政府的财政活动具有重要影响；三是综合性，即应选择具有高度概括性的预警指标，并且各指标应能相互补充，从而使所建立起的预警指标体系能多角度、全方位地反映地方政府的债务风险程度；四是灵敏性，即要求预警指标具备较高的灵敏度，能从指标的细微变化中反映出地方政府债务风险的演变；五是可操作性，即所选择的每一指标都应有精确的数值体现，并且应有足够的数据使每一指标的计算与实时监控成为可能（裴育和欧阳华生，2007）。一般情况下，预警指标的选择依据有两类：一类是经济理论或者国际经验；另一类是统计显著性，即在统计上某一指标对于债务危机的预测能力。大多数国家在选择预警指标时主要考虑的是数据的可获得性、相关性与简单性，对指标与债务危机之间相关性的衡量也往往依赖于经验判断，使建立的预警体系缺乏夯实的理论基础，而且也没有经过严格的统计检验。传统指标（如债务负担率、财政赤字率、偿债率等）对地方政府的或有债务概括度不够，无法反映出地方政府的或有债务风险，因此，以传统指标为基础建立起来的预警机制只适用于那些地方政府预算包括了大部分财政活动并且或有债务占比很小的国家。然而中国作为经济转轨中的发展中国家，政府担保、养老金、社会保险、国有金融机构与国有企业不良资产和债务等或有债务比例不小，因此在建立中国的地方政府债务风险预警机制时必须要考虑或有债务风险。

地方政府的或有债务具有非现金和持续期长的特征，导致或有债务的风险衡量具有一定难度。对于或有债务风险并没有统一、普遍认可的精确测度方法，在实际应用中常用的有以下四种方法：一是精算平衡，即计算评估项目的净值，该方法被广泛应用在社会保障和年金等政府项目上；二是市场价值测度，即利用现有市场信息来计算或有债务的市场价值，常用于度量借款担保或与社会保障相关的担保；三是期权定价法，即利用期权定价理论来度量或有债务的价值，这种定价方法以无摩擦的市场为前提假设，并不适用于深度不够的市场；四是福利度量，即通过评估消费者剩余和生产者剩余来衡量或有权益扩展的福利后果，这种方法存在一定的争议性，并且并不适用于评估政府政策对于信用的供给和需求的第二轮影响，即来自其他市场的替代效应或违约对于福利的动态影响（《中国地方债务管理研究》课题组，2011）。这四种方法各有优势与缺陷，分别适用于不同类型的或有债务的度量，具体选择哪种方法应视具体情况而定。

考虑中国地方政府债务数据可获得性较差以及或有债务风险突出的实际情况，在地方政府债务风险预警机制的指标选取过程中既要参考国际经验，又要考虑中国地方政府债务的发展情况以及数据的可获得性，同时风险预警指标也不能过多，否则将难以实现监控或监控成本将超出可能获得的收益。在预警界限值的确定上，也需要将国际经验与中国地方政府债务的实际相结合，并参考各变量在经济活动中的作用与性质以及各个时期政府所采取的宏观调控政策和经济发展目标等情况来综合考虑。为对中国地方政府债务风险状态进行表征与预警，本书建议为每个预警指标都设置两个预警界限值，从而确定三个警戒区间，分别为安全区间、风险区间与危机区间。在借鉴国际经验、分析中国地方政府债务状况以及对现有债务风险预警体系的案例分析基础之上，本书提出了适合中国地方政府的债务风险预警指标体系，并对每个指标的界限值进行了初步确定。

1. 债务负担率（地方政府性债务余额/地方 GDP）

这一指标既反映了地方政府利用全部经济资源承担债务的能力，又反映了地方政府债务的发行限度与留余空间。根据国际经验，美国市政债券占当期 GDP 的比例一般保持在 10% ~ 15%，印度则高达 30%。中国财权与事权不匹配的央地财政关系使地方政府承担了与其收入不成比例的支出责任，从而导致地方政府的债务负担自然也高于一般国家地方政府的债务负担。目前，中国一些省份的债务负担率已超出 25%。鉴于以上情况，本书建议将该指标的安全区间、风险区间与危机区间分别确定为（0，10%）、[10%，25%]、（25%，＋∞）。

2. 债务率（地方政府性债务余额/地方政府综合财力①）

该指标反映了地方政府性债务与政府财政支配能力之间的关系，也从侧面反映了地方政府债务规模的合理性以及地方政府未来举债能力的大小。国际上公认的债务率安全标准是不超过 100%。国际货币基金组织将债务率的安全范围设为

---

① 地方政府综合财力（决算口径）＝一般预算收入＋返还性收入＋一般性转移支付收入－体制上解－出口退税专项上解－税务经费上划专项上解＋基金预算收入＋预算外收入

90%～150%。中国目前已有部分省区市债务率超过200%，使设置过低的临界值在中国并不现实。因此，本书建议将债务率的安全区间、风险区间与危机区间分别确定为（0，100%）、[100%，150%]、（150%，+∞）。

3. 债务依存度（地方政府性债务余额/地方政府当期财政支出）

这一指标反映了地方政府当期的财政支出在多大程度上依赖于债务融资。国际上通用的预警信号一般在20%～30%。考虑中国地方政府的实际负债情况，本书建议将债务依存度的两个预警界限值分别设为20%和40%，相应的安全区间、风险区间与危机区间分别为（0，20%）、[20%，40%]、（40%，+∞）。

4. 短期债务比例（地方政府短期债务余额/地方政府性债务余额）

美国期限小于13个月的市政债券（又称为"票据"）占总市政债券规模的比例大概只有20%。中国地方政府举债大部分是为地方基础设施建设进行融资，考虑基础设施建设主要是长期资本性支出，而债务期限应该尽量与项目收入流的持续期相匹配，因此，短期债务的比例不应过高。然而，依靠短款债务来为长期项目融资是中国当前地方政府债务融资存在的一个重大问题，导致中国短期债务的占比可能远高于20%。基于以上情况，本书建议将20%与40%作为短期债务比例的预警信号值，相应的安全区间、风险区间与危机区间分别为（0，20%）、[20%，40%]、（40%，100%）。

5. 担保债务比例（地方政府担保的债务余额/地方政府性债务余额）

该指标在一定程度上反映了地方政府或有债务风险的大小。如前文所述，中国地方政府或有债务比例突出，债务预警机制的建立必须考虑对或有债务风险的度量。美国等发达国家或有债务的比例相对较小，对中国而言参考价值不高。截至2010年底，中国地方政府负有担保责任的或有债务余额为23369.74亿元，占全国地方政府性债务余额的21.80%。到2012年底，中国地方政府负有担保责任的或有债务余额增长至24871.29亿元，占全国地方政府性债务余额的比例则降为15.66%。综合考虑中国国情，本书建议将担保债务比例的两个临界值分别设为20%和30%，相应的安全区间、风险区间与危机区间分别为（0，20%）、[20%，30%]、（30%，100%）。

6. 逾期债务率（地方政府年末逾期债务总额/地方政府性债务余额）

该指标一方面反映了地方政府潜在债务风险正在转化为债务危机的可能性，另一方面也在一定程度上反映了地方政府的信用程度。截至2012年底，负有偿还责任的地方显性债务的逾期债务率为5.38%，除去应付未付款项形成的逾期债务后，逾期债务率为1.01%；政府负有担保责任的债务、可能承担一定救助责任的债务的逾期债务率分为1.61%和1.97%，均处于较低水平。在中国各省区市中，内蒙古自治区的逾期债务率最高，达28.3%，远高于其他地区。在现有数据情况下，本书建议将3%和10%设为预期债务率的预警值，相应的安全区间、风险区间与危机区间分别为（0，3%）、[3%，10%]、（10%，100%）。

7. 资产负债率（地方政府性债务余额/地方政府资产余额）

衡量地方政府的债务风险，单纯只考虑地方政府的负债状况是远远不够的，还需要将可用于清偿债务的资产结合起来进行考量。资产负债率反映了地方政府利用资产来承担债务的能力。对于资产负债率，国际上并无公认的警戒线，考虑地方政府所持有的偿债资产往往流动性不足，为谨慎起见，本书建议将资产负债率的安全线定为70%。借鉴企业的资产负债率标准，本书将该指标的高限定为150%。因此，地方政府资产负债率的安全区间、风险区间与危机区间分别为（0，70%）、[70%，150%]、（150%，＋∞）。

8. 偿债率（地方政府当年还本付息额/地方政府当年财政收入）

这一指标反映了地方政府的债务偿还资金中有多少是来自现期财政收入，是对地方财政债务偿还能力的衡量指标。在国际经验上，俄罗斯要求将这一比例控制在15%以下，日本规定该指标3年平均值的上限为20%。本书选择将10%和30%作为地方政府偿债率的警戒值，相应的安全区间、风险区间与危机区间分别为（0，10%）、[10%，30%]、（30%，＋∞）。

9. 预算收入占比（预算收入/预算内外收入之和）

在计算预算内外收入之和时，应将土地出让收入包括在内。这一指标是针对中国国情而设计的一个预警指标，它反映了中国地方财政严重依赖于预算外收入（特别是土地出让收入）这一特殊情况。这一比率越低，代表地方政府越依赖于预算外收入。据统计，上海、天津和重庆这三个比较有代表性的直辖市 2009 年的预算收入占比分别为 75. 49%、67. 88% 和 58. 49%。综合考虑中国地方财政的实际状况，本书建议将这一指标的安全区间、风险区间与危机区间分别设为（80%，100%）、[50%，80%]、（0，50%）。

10. 财政自给率（地方政府财政收入/地方政府财政支出）

这一指标反映的是地方政府的财政收入能在多大程度上满足其支出需求。分税制改革后，中国地方政府财权与事权不相匹配，导致地方政府财政自给率普遍较低，财政收支缺口庞大，从而出现了大规模融资举债的倾向。据统计，分税制改革后，中国地方政府的平均财政自给率一般维持在 50% 左右。然而，不同省区市之间财政自给率的差别较大，例如，北京 2011 年的财政自给率高达 0. 93，而宁夏回族自治区同年的财政自给率仅为 0. 31。基于中国的实际情况，本书建议将财政自给率的安全区间、风险区间与危机区间分别设置为（60%，＋∞）、[40%，60%]、（0，40%）。

在地方政府债务风险预警机制的建设中，除了将各预警指标与预警界限值相比较来确定预警信号的发出外，还可根据层次分析法（AHP）、BP 神经网络或 Theil 指数法等方法来确定各预警指标的权重，再以该权重与标准化处理的预警指标为基础来确定一个综合风险值，最后根据该综合风险值来确定地方政府的债务风险程度以及是否发出预警信号。这种方法在确定预警信号的发出时将所有预警指标都考虑在内，计算得出的综合风险值是对地方政府债务风险的一个整体、全面衡量，但其问题在于操作起来难度较大，对专业水平要求较高，并且各种赋权方法也存在一定的主观因素，因此，大部分国家都采用第一种方式来进行债务风险预警。借鉴国际经验，并综合考虑中国国情，本书建议中国也宜采用第一种方式来建设地方政府债务风险预警机制（见表7-1）。对于第二种预警方式，现在还处在探索阶段，学者应加强相关研究，在各方时机成熟时可考虑对地方政府债务预警方式进行改革，逐步向第二种方式过渡。

表7-1　中国地方政府风险预警的"交通信号灯"系统

预警指标	安全区间（绿灯）	风险区间（黄灯）	危机区间（红灯）
债务负担率	(0, 10%)	[10%, 25%]	(25%, +∞)
债务率	(0, 100%)	[100%, 150%]	(150%, +∞)
债务依存度	(0, 20%)	[20%, 40%]	(40%, +∞)
短期债务比例	(0, 20%)	[20%, 40%]	(40%, 100%)
担保债务比例	(0, 20%)	[20%, 30%]	(30%, 100%)
逾期债务率	(0, 3%)	[3%, 10%]	(10%, 100%)
资产负债率	(0, 70%)	[70%, 150%]	(150%, +∞)
偿债率	(0, 10%)	[10%, 30%]	(30%, +∞)
预算收入占比	(80%, 100%)	[50%, 80%]	(0, 50%)
财政自给率	(60%, +∞)	[40%, 60%]	(0, 40%)

此外，由于中国幅员辽阔，各地区之间的经济发展水平、财政状况以及负债情况都存在较大差异，本书所确定的预警界限值主要考虑的是中国各省区市的平均水平，可能对有些地区并不十分适用。因此，本书建议在警戒值的确定上应保有一定的自由度，允许因地制宜，针对各地区的实际情况对各预警指标的界限值做出小范围的调整，从而使预警机制更加科学、合理。

（二）地方政府债务风险预测模型

在数据允许的情况下，还可通过经济计量模型来预测经济主体未来的违约风险，其主要方式是将历史数据中是否发生债务危机（违约风险）作为因变量，将一系列控制指标作为自变量，建立如Init模型的离散决定模型，利用所估计的参数来对未来危机发生的可能性进行预测。模型中在统计上具有显著意义的指标就成为预警机制中的预警指标。

在实践中，这一方法常被用来预测企业或个人的违约风险、货币危机、银行业危机以及主权债务危机。主权债务危机的相关研究发现，公债占一国支付能力的比例是预测一国偿付能力的最好指标，流动性指标、经济政策波动性指标也对主权债务危机的预测相当重要，同时还必须控制一些宏观经济变量，如通货膨胀率、汇率等。这些预测主权债务危机的变量大多数与地方政府债务并不直接相关，虽然类似的模型可应用到对地方政府债务危机的分析，但受中国地方政府债务数据的局限性，这一方法在中国暂时还无法操作。随着中国政府综合财务报告制度、政府会计制度的逐步完善，相关数据的可获得性与准确性将不断提高，这种预测模型预计将在未来对地方政府债务风险的预测和控制中发挥至关重要的作用。因此，中国应加快建立政府综合财务报告制度，推进政府会计改革，完善地方政府债务信息的核算与披露，建立起相关信息的数据库，为地方政府债务风险的科学预警奠定良好基础。

(三) 地方政府债务风险预警的工作流程

地方政府的债务风险预警是一个动态的监控过程，针对每一笔借款实时更新数据，一旦某一指标超出所规定的预警界限值，则发出相应的黄灯或红灯预警信号，各个预警指标就如同交通信号灯一般工作。地方政府债务风险预警机制的工作流程主要包括以下步骤 (见图 7-2)：

首先，由上级财政部门为其下级地方政府制订债务风险预警计划，包括风险预警指标及其警戒值、相关负责人、消除风险应采取的措施以及违规后的问责机制等。

其次，在各层级地方政府的财政部门设立债务管理办公室，由上级政府的债务管理办公室负责监控下级政府的财政状况以及各债务风险预警指标的变化。一旦某一指标进入风险区间或危机区间，上级政府则需立刻将预警信号发送给相应的政府部门，并及时发布给市场与公众。各审计部门也应密切监督这些预警指标，关注预警信号是否及时发出。

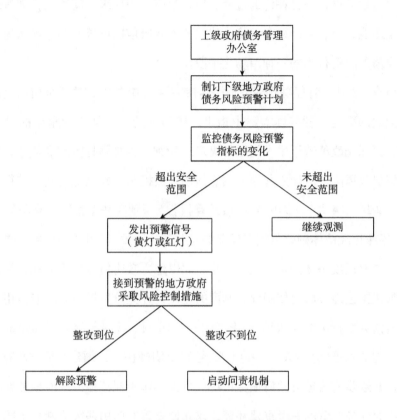

图7-2 地方政府债务风险预警机制流程

资料来源：笔者绘制。

最后，一旦地方政府收到上级政府发出的预警信号，则应迅速采取债务风险预警计划中所规定的风险消除措施。如果地方政府在上级政府规定的时间内成功将预警指标拉回安全区间，则解除预警；如果失败，上级政府则启动对相关负责人的问责机制。

五、地方政府信用评级机制

信用评级，又称为资信评级，是指由独立、专业的信用评级机构对影响评级对象的诸多信用风险因素进行综合分析与研究，并在此基础上对评级对象的债务偿还能力与意愿进行综合评价的过程。地方政府信用评级，简言之，即对地方政府债务偿还能力与意愿的综合评价。建立地方政府信用评级机制，被认为是规范地方政府债务融资行为的一种市场化手段。

2013 年 12 月，时任财政部部长楼继伟在《〈中共中央关于全面深化改革若干重大问题的决定〉辅导读本》中指出，按照党的十八届三中全会的《中共中央关于全面深化改革若干重大问题的决定》精神，为加强地方政府债务管理，防范和化解财政风险，应建立起地方政府信用评级机制，并以此为基础进行地方发债管理。2014 年 4 月，《2014 年财政预算报告》《预算法草案》三审稿以及《关于 2014 年深化经济体制改革重点任务的意见》（国发〔2014〕18 号）提出，应赋予地方政府适度举债融资的权限，建立起以地方政府债券为主的地方举债融资机制，加快推进地方政府信用评级制度的建设，并充分发挥地方政府信用评级在地方政府债券发行中的防火墙作用。2014 年 10 月，《国务院关于加强地方政府性债务管理的意见》（国发〔2014〕43 号）也明确提出，须建立地方政府信用评级制度，并逐步完善地方政府债券市场。可见，作为规范地方政府债务融资、强化地方政府债务监管的一个重要环节，建立地方政府信用评级机制是中国当前地方政府债务管理的当务之急。

（一）中国地方政府信用评级的现状

中国信用评级行业起步较晚，近年来得到了初步发展，已初具规模。中国目前拥有全牌照的信用评级机构共有五家，分别为大公国际资信评估股份有限公司、中诚信国际信用评级有限公司、联合资信评估股份有限公司、东方金诚国际信用评估有限公司和上海新世纪资信评估投资服务有限公司。上海远东资信评估有限公司之前也是拥有全牌照的业务资质，后因"福禧短融"事件而退出市场。在全球化趋势的作用下，国际大型评级机构也已经入驻中国，并开始抢占中国市场。目前，大公国际资信评估股份有限公司、中诚信国际信用评级有限公司和联合资信评估股份有限公司控制了约95%的中国信用评级市场，行业集中度偏高，导致各评级机构之间缺乏真正的竞争。受发展时间的制约，中国的信用评级机构普遍经验不足，尤其是缺乏对主权国家及地方政府的评级经验。2013年1月，大公国际资信评估有限公司公布了不同于西方范式的新型地方政府信用评级方法，成为首个发布主权国家与地区评级标准的非西方国家评级机构。

在中国现行的地方政府信用评级体系中，评级机构在地方政府进行信用评级时首先考虑的并非是地方政府的运行情况，而是政治重要性（陈国绪，2014）。这种分析模式类似于政治预测，与以市场化运营为前提的评级模型相矛盾，所传递的信息量以及信用分析的可靠程度也相对有限，因此现有的评级结果难以发挥对地方政府债券定价及资源配置的指导作用。截至目前，中国的地方政府债券以及城投债等都保持刚性兑付，违约率为零，导致市场缺乏足够的违约事件来验证评级结果的准确性。此外，《银行间债券市场信用评级机构评级收费自律公约》的存在使中国债券评级行业存在垄断收费现象，这种垄断定价导致各家评级机构之间出现通过级别竞争来争夺客户的情况，直接后果是地方政府融资平台所发行城投债的级别水平出现了系统性上浮（陈国绪，2014）。可见，中国地方政府信用评级才刚刚起步，还存在诸多问题，无法发挥这一机制应有的作用，亟须规范与完善。

（二）地方政府信用评级的必要性

在当前地方政府债务规模急剧膨胀的背景下，对地方政府进行信用评级具有突出的现实意义。

首先，地方政府信用评级是规范地方政府举债融资的必要途径。由于投资冲动，很多地方政府处于非理性的发债状态中，过度融资举债的现象十分严重。在常用的地方政府信用评级体系中，地方政府债务是衡量地方政府信用水平的关键因素之一。地方政府的债务规模、债务结构、偿债资金来源以及偿债能力等方面都是影响地方政府信用水平的要素。较高的信用评级能提高投资者对地方政府的信心，对地方政府的发债以及债务融资成本的降低都具有直接而重要的作用。因此，为获得满意的信用评级，地方政府有动机来规范并约束自身的债务融资行为，使发债规模与地方偿债能力相匹配。可见，开展地方政府信用评级，是建立地方政府债务融资市场化约束的重要基石。当地方政府债券制度真正实施之后，地方政府信用评级还可充当地方政府债券发行的防火墙，并服务于地方政府债券的风险识别与价格确定。

其次，地方政府信用评级是保障债权人利益、实现资源有效配置的有效措施。地方政府作为债务人，与债权人之间存在严重的信息不对称。地方政府的信息不透明更是加剧了信息不对称程度，使投资者难以获得进行投资决策所需的各种信息。地方政府信用评级，通过公布对各地方政府的评级结果，能够大大加深投资者对地方政府信用情况的了解，降低信息不对称程度，使投资者做出更加准确的投资决策。此外，在地方政府信用评级的约束作用下，地方政府也将更加积极地履行偿债义务，避免债务违约，从而也保障了债权人的利益。地方债务的债权人多为银行等金融机构，尤其是融资平台债务已成为银行业的一大风险来源。地方政府的信用评级有助于银行等金融机构更加准确地把握地区信用风险，对实现地区间资源的合理配置也具有十分重要的意义。

最后，地方政府信用评级是地区内企业信用评级的重要参考。地方政府通过政策制定等方式影响着地区内企业的运作，尤其是对国有企业与城投公司而言，地方政府可能是出现债务偿付危机时的买单者。同时，政府信用作为社会信用的核心，对社会信用具有表率与示范作用。因此，地方政府的信用评级可作为地区内企业信用评级的重要参考（王梦莹，2013）。

（三）地方政府信用评级方法

穆迪投资服务有限公司（以下简称穆迪）和标准普尔评级股份公司（以下简称标普）作为国际上著名的两家信用评级机构，其地方政府信用评级方法对我国具有良好的借鉴与参考价值。经过多年的不断实践与发展，穆迪与标普都已经形成了较为完善的地方政府信用评级方法。穆迪和标普均将地方政府从地域上分为美国地方政府与其他国家地方政府，本书主要介绍这两大评级机构对其他国家地方政府的信用评级方法。

穆迪的基本评级思路是在地方政府个体信用风险和系统信用风险的基础上来确定初始个体基础信用，再结合上级政府的特殊支持来确定最终信用级别。在对地方政府个体信用风险的评价上，穆迪主要考虑的是经济基础、行政体制、财务表现和债务状况以及管理与治理情况这几个方面。对上级政府特殊支持的衡量主要依据的是行政体制、历史行为与个体特征三个方面。最后，根据个体基础信用级别与上级政府的支持级别，结合穆迪的"联合违约概率（JDA）"方法得出最终的地方政府信用级别。

类似于穆迪，标普结合个体信用与行政体制来确定地方政府的初始信用评级，再根据一些其他重要因素来对初始评级进行调整，从而确定最终的信用评级。标普主要根据地方政府的经济实力、预算表现和预算弹性、债务负担和或有负债、流动性和财政管理等来衡量个体信用水平，并在行政体制的可预见性、财政收支平衡状况、政策透明和政府责任、系统性支持等的基础上来评价地方政府所在国家的行政体制。在得到初始级别之后，标普还结合主权级别、上级政府的特殊支持等其他额外因素来对信用评级做出调整，以得出最终的评级结果。

大公国际资信评估股份有限公司，作为中国土生土长的信用评级机构，也推出了一种新型的地方政府信用评级方法，该方法的核心在于揭示债务主体安全负债的规模上限，以起到最直观的预警作用。大公国际资信评估股份有限公司主要从偿债环境、财富创造能力、偿债来源以及偿债能力四个方面来评价地方政府的信用级别，并通过递进指数矩阵法来确定地方政府的信用评级。此外，大公国际资信评估股份有限公司还跟踪支持信用等级各要素的变化情况，以验证当前信用评级的可靠性，并同时根据预测的最新数据对地方政府的信用评级进行及时调整。在每一次信用等级确定、验证与调整时，大公国际资信评估股份有限公司还会采用压力测试就信用风险形成因素多样性对偿债能力的影响趋势进行模拟预测，以多层次地揭示地方政府的信用风险。

综合考虑穆迪、标普与大公国际资信评估股份有限公司的地方政府信用评级方法，并参考《中国地方债务管理研究》课题组（2011）、闫明和顾炜宇（2014）、陈志勇和庄佳强（2014）等的研究成果，加之对中国地方政府债务现状与国情的考虑，本书对现有的地方政府信用评级方法进行了一定修改。具体来说，从宏观经济环境、行政与财政体制、地方经济发展状况、地方财政状况、地方债务状况以及地方政府治理与管理实践这六个方面来评价地方政府的信用水平，具体指标设计如表7-2所示。对于各指标权重的设置，本书建议构建打分卡模型，并通过层次分析法（AHP）来确定。在信用等级的确定上，本书建议采用大公国际的递进指数矩阵法，以保证信用级别的一致性与可比性。

表7-2　地方政府信用评级指标体系

序号	一级指标	二级指标	三级指标
1	宏观经济环境	宏观经济运行	GDP 同比增长率
2			全国工业增加值
3			全国固定资产投资增长率
4		宏观经济政策	货币政策
5			财政政策
6	行政与财政体制	上级政府支持	是否有支持先例
7		财政制度稳定性	分税体制稳定性
8			转移支付制度稳定性
9	地方经济发展状况	地方经济发展水平	地方 GDP 规模与增速
10			地方固定资产投资规模与增速
11			GDP 波动性
12		地方产业结构	产业结构偏离度
13			第三产业实际总产值/实际 GDP
14		地方金融环境	地方存贷款规模
15			地方存贷比例

续表

序号	一级指标	二级指标	三级指标
16	地方财政状况	地方财政收入	一般预算收入/预算内外收入（含土地出让收入）
17			转移支付收入/一般预算收入
18			财政收入增长率
19		地方财政支出	经常性支出/财政支出
20			建设性支出/财政支出
21			财政支出弹性
22			财政自给率
23	地方债务状况	债务结构	直接债务/直接及间接债务
24			短期直接债务/直接债务
25		债务负担	担保债务/财政收入
26			债务负担率
27			债务依存度
28	地方政府治理与管理实践	投资与债务管理	公共产品融资模式的多元化水平
29		财政透明度	财务报告披露频度与翔实度
30			政府审计频度与审计结果的披露程度

　　注：产业结构偏离度是指某一产业的就业比重与产值比重之差，作为反映就业结构与产值结构间偏离程度的指标。

（四）对信用评级行业的监管

　　信用评级在中国还算是一个新兴行业，目前中国对这一行业监管不足，缺少统一的监管框架。相关监管的缺失导致信用评级行业存在一些不规范的做法，大大降低了评级结果的公信力。为保证地方政府信用评级机制能充分发挥其功用，必须强化对信用评级行业的整体监管。

　　首先，应明确信用评级行业的监管部门。目前，中国对信用评级行业的监管存在多头监管、监管标准不统一等问题，导致监管成本增加，监管效率低下。因此，需明确一个统一的监管主体，并由该监管主体来主导制定相应的监管规则与标准。同时，为避免地方政府在自身评级过程中对评级机构施以不当的压力，监管主体应在一定程度上独立于地方政府，可考虑将证监会、银保监会或是两者联合作为信用评级行业的监管部门。监管部门的指定与相应监管权力的赋予可考虑通过专门的法规来确定，如美国的《信用评级机构改革法案》。

其次，应制定信用评级机构市场准入与认证机制。法定监管部门应制定明确、严格的市场准入规则，应从资本、信用评级工作制度、内部管理制度、评级人员资质、诚信记录等方面来完善准入条件，并明确规定市场准入与退出程序。同时，法定监管部门还应引入类似于美国"国家认定的统计评级组织"（Nationally Recognized Statistical Rating Organizations，NRSROs）的认证机制，明确认证条件与程序。

再次，应确立"双评级"模式。为减少国内市场当前普遍存在的"机构收买"（Agency Shopping）现象，监管机构应要求引用至少两个评级机构的信用评级。"双评级"模式还可要求一个评级结果来自外国控股的评级机构，另一个则来自国内机构（《中国地方债务管理研究》课题组，2011）。

最后，应改革现有付费制度。目前，中国信用评级行业普遍采用"发行人"付费制度，即评级机构向发行证券的公司或政府收费。这种制度带来了明显的内在利益冲突，在一定程度上激励了评级机构按照发行人的意愿来出具评级结果。为改变这一现状，可以引入"投资者付费"制度，把支付费用这种"用脚投票"的选择权交还给投资者，以保证评级机构的独立性。

此外，监管机构还应发布评级机构的选聘条件与程序，保证选聘过程的公平、公开与公正。在评级机构的选聘上，可考虑由监管机构统一组织招标，或由发行人的上级政府通过随机抽选等方式来指定评级机构（杨珊，2014）。

六、政府会计改革

政府会计，是指反映、核算和监督政府单位及其构成实体在使用财政资金和公共资源过程中财务收支活动的会计管理体系。中国政府会计制度长期以来一直以收付实现制为确认基础。中国现行的财政总预算会计制度主要以现金的收付为确认收入、支出、资产及负债的依据，只有财政部转贷给地方的国际金融组织贷款、本级政府的国债转贷资金、借入上级政府的周转金等直接引起现金收付的地方政府显性直接负债项目才会在当期被确认为负债，在当期并未引起现金流出的大量债务则无法被确认为政府负债。由于在修订前的《中华人民共和国预算法》下地方政府并不享有合法的举债权，因此，即使是地方政府的直接显性债务，也有大量游离在政府会计的核算体系之外。哪怕是政府会计核算的那部分地方政府直接显性债务，如各种拖欠款、地方政府债券本息、借入上级政府的周转金、应付未付款等，都是通过"借入款""借入财政周转金""暂存款""上下级往来"等少数几个会计科目进行简单核算，并没有按照流动性的大小划分为流动负债和长期负债，这就使会计信息的决策有用性大打折扣。

可见，以收付实现制为会计确认基础的政府会计制度隐藏了大量的地方政府负债，会计信息存在严重的不完整性和滞后性，不能全面反映地方政府未来所应承担的支出责任，财政支出中也只反映当期实际用现金支付的利息数，而无法确认和计量当期已经发生但尚未付现的直接隐性债务以及未来可能引起现金支出增加的或有负债，导致政府的管理者与决策者对地方政府债务风险状况缺乏清晰的认识，十分不利于地方债务的管理。地方政府债务的管理及地方债务风险的防范首先需要动态、可靠、完整的债务数据作为支持，很明显，中国现行的政府会计制度并不能满足这一需求。因此，破解地方债务问题的关键之一是改革中国当前的政府会计制度，逐步引入权责发生制的会计确认基础，适度分离政府财务会计与预算会计，建立健全对地方政府债务的会计核算体系。没有科学的政府会计体系作为基础，地方政府债务风险的监控，以致整个财政风险的监控都失去了判断的依据。2013 年的《中共中央关于全面深化改革若干重大问题的决定》也要求建立政府会计标准体系，研究修订当前的总预算会计制度。应《中共中央关于全面深化改革若干重大问题的决定》的要求，2014 年国务院转批财政部《权责发生制政府综合财务报告制度改革方案》（国发〔2014〕63号），正式将制定发布政府会计基本准则、建立健全政府会计核算体系提上日程。

本书主要从地方政府债务会计核算的角度来探讨政府会计改革，这主要是由于地方政府债务的会计核算与地方政府债务管理的关系最为密切，只有完善了地方政府债务的会计核算，使地方债务能完整、可靠、连续地被确认、计量、记录与报告，才能为地方债务管理及债务风险防范提供所需的数据支持，从而才能更好地实现对地方政府债务融资行为的监控。按照汉娜的财政风险矩阵，可将地方政府债务分为直接显性债务、直接隐性债务或有显性债务以及或有隐性债务四类。基于这四类债务的不同特征，在对它们的会计处理上也应有所差别。

（一）地方政府直接显性债务的会计处理

根据汉娜的观点，由法律和合约确认的、在任何情况下都无法回避的债务是地方政府的直接显性债务。在中国国情下，这部分债务主要包括主权外债（财政部转贷给地方的国际金融组织的贷款）、1998年以来中央政府转贷给地方政府的国债专项资金、2009年以来由财政部代为发行的地方政府债券收入、2011年以来由试点省份（直辖市、计划单列市）自行发行的地方政府债券收入、借入上级财政的周转金、农业综合开发贷款等款项、地方财政部门举借的债务、各种拖欠款（工程款、公务员和教师工资、出口退税欠款等）。针对地方政府的直接显性债务，现有政府会计制度存在核算范围过窄的问题，大量地方政府举借的债务作为预算外资金游离在政府会计的核算之外。通过政府会计进行核算的地方政府直接显性债务也由于现有政府会计制度的不完善而导致了核算上的各种问题。例如，对于地方政府债券收入，中国收付实现制的预算会计体系只是通过"债务收入"项目反映截至某一时点省级财政部门实际收到的地方政府债券本金数额，而不能提供未来年度地方政府债券的应偿付本息数。

结合负债的定义和地方政府债务的特征，地方政府负债可定义为地方政府主体因为法规或契约的规定，或是为了控制某项资产的需要，而导致在报告日确认的对另一方的义务，该义务可能（或一定）会导致资源流入对方，且不能够期待在报告日后获得交换性补偿。负债确认的通用标准包括两个方面：一是符合负债要素的定义，二是能够可靠地计量。地方政府的直接显性债务显然符合负债要素的定义，且基本都能进行可靠计量，因此，应该进行会计确认与核算。在会计确认上，确认基础应逐步从现行的收付实现制向权责发生制转变，在债务符合确认条件时便加以确认，而并不以现金的流动作为确认基础。2015 年 1 月 1 日起开始施行的《中华人民共和国预算法》规定，经国务院批准的省、自治区、直辖市预算中必需的建设投资的部分资金，可以在国务院确定的限额内，通过发行地方政府债券以举借债务的方式筹措。新修订的《中华人民共和国预算法》将地方政府的举债行为合法化，政府会计的核算范围也应相应扩大，之前游离在政府会计核算体系之外的大量地方政府直接显性债务，如地方政府直接或间接地向国内金融组织、单位或个人融通的债务资金等，都应纳入预算管理与政府会计核算的范围之内，以便完整地反映出地方政府的债务规模，并更好地控制地方政府的债务风险。

在对地方政府直接显性债务的会计核算上，考虑中国政府会计的目标定位（以反映预算收支的合规性和加强财政管理为主），可采纳行政单位的双分录核算方式，即同时确认负债与预算收支。为方便核算，建议将"借入款"科目名称改为"政府债务"，增设与负债类科目"政府债务"相对应的借方余额科目"待筹集偿债资金"与"已筹集偿债资金"，以使负债的确认更加符合复式记账的原理；同时可考虑增设用于核算债务利息的"应计利息"科目来实现向权责发生制的逐步靠拢；增设"债务预算收入"与"债务预算支出"科目，分别用以核算当期政府的债务收入和当期偿还债务本金由国库支付的款项；增设"债务预算结余"科目来核算累计的债务预算结余（王瑶，2007）。

对于地方政府债券收入，根据《财政总预算会计制度》的规定，目前只是通过"债务收入""债务还本支出"等几个科目进行简单的收支核算。本书建议对地方政府债券收入采用双分录核算方式，并应计提债券利息，以便更准确地反映出负债存量情况。当省级财政部门发行地方政府债券（区别于实际收到地方政府债券发行收入）时，借记"国库存款"科目、贷记"债务预算收入"科目；同时借记"待筹集偿债资金"科目、贷记"政府债务"科目用以确认负债存量。对地方政府债券应承担的利息费用，应采用权责发生制原则，根据约定的利率和借款期限，分年按月计提利息费用。计提利息费用时，借记"一般预算支出（利息支出）"，并贷记负债类科目"应计利息"；支付利息时，借记"应计利息"科目、贷记"国库存款"科目。当地方政府偿还债券时，一方面借记"债务预算支出（本金支出）"科目、贷记"国库存款"科目用以反映预算收支情况；另一方面借记"政府债务"科目、贷记"待筹集偿债资金"（或"已筹集偿债资金"）科目用以反映负债变化情况。期末，将"债务预算收入"与"债务预算支出"科目的余额转入"债务预算结余"科目。从目前来看，对地方政府债券的核算并不适宜全盘采用企业会计中对中长期公司债券的摊余成本法，改革需遵循循序渐进的原则，不能一蹴而就。

对于下级财政部门接受上级财政部门转贷的国债资金，目前是通过"与上级往来"科目来核算，下级财政部门应交给上级财政部门的转贷利息则通过"暂存款"科目来核算。考虑国债转贷资金与地方政府对外借入债务的不同，对于财政转贷业务宜单独核算、单独反映。为便于核算，应对接受国债转贷款的地方财政部门设置"应付财政转贷款"这一负债类科目，专门用以核算承接上级财政部门转贷款的本金与利息（均不纳入本级财政预算收支）。当上级财政部门将转贷资金拨付给地方财政部门时，地方财政部门应借记"国库存款"科目，贷记"应付财政转贷款——本金"科目。同时，地方财政部门应按期计提利息，计提利息时借记"一般预算支出"科目，贷记"应付财政转贷款——利息"科目。

对于财政部转贷给地方的国际金融组织贷款，按照项目执行单位承担责任的不同，可分为国家统借统还项目和统借自还项目。其中，国家统借统还项目在贷款协定签字时就已明确由国家财政承担债务偿还责任，而统借自还项目则是由项目执行单位来负责债务的偿还，当项目执行单位无力偿还时，经过一定的审批程序也可由财政预算承担一部分债务的清偿责任。目前，财政部转贷给地方的国际金融组织贷款主要参照 1999 年的《国际金融组织贷款转贷会计制度》（财际字〔1999〕165 号）进行核算。但是，这一制度只适用于转贷部门，由国际金融组织贷款转贷所形成的地方债务并没有进入各级财政总预算会计，这导致现行的政府会计体系根本无法反映出地方政府所应承担的相应债务偿还责任。为改善这一问题，本书建议针对统借自还项目在地方项目执行单位也应进行一定的会计核算，可考虑增设"应付国际金融组织贷款转贷"科目。当财政部将国际金融组织贷款以统借自还的形式转贷给地方的项目执行单位时，项目执行单位借记"国库存款"科目，贷记"应付国际金融组织贷款转贷"科目。当项目执行单位归还本金时则做相反的分录。

对于结算性应付款项，如拖欠的工程款等，为全面反映地方政府对这些结算性事项的责任，应在引入权责发生制的基础上，参考企业会计的处理方法对结算过程中发生的现时债务进行全面会计核算。以应付工程款为例，若在资产负债表日建造合同的结果能够可靠地估计，则应于资产负债表日按照完工百分比法确认政府采购的完成情况，并按照合同规定确认相应的资产与债务。相关的会计分录为借记"器材采购（在建工程、待摊投资等）"，贷记"应付账款"。当款项支付后，则借记"应付账款"，贷记"零余额账户用款额度"。

所谓偿债准备金，指的是财政预算为偿还到期债务的本金与利息而设置的一种专用基金。中国目前只有少数地区设立了偿债准备金，真正的偿债准备金制度尚未建立起来。为加强地方债务管理，本书认为有必要重视并规范偿债准备金的设立与管理，并明确对偿债准备金的会计核算。偿债准备金收入主要包括税款收入、偿债基金的利息收入与投资收益。对于偿债准备金收入，应采用权责发生制记录估计的收入。当地方债务的利息或本金到期应支付时，偿债准备金应在到期的年度记录相应的支出。当将偿债准备金中闲置的现金用于投资时，也应进行相应的会计核算。如以折价或溢价购入投资，则要同时记录折价或溢价的金额，并逐期摊销。

（二）地方政府或有债务的会计处理

地方政府或有债务是中央政府下辖的、拥有行政管理权力的各级地方政府，当发生某一特定事件后，根据相关法律条文的规定，向债权人履行偿付资金的义务（地方政府显性或有债务）；或者在没有法律或协议约束，且债务的数额、期限、风险价值都不确定的情况下，地方政府在道义上仍需承担的一种责任（地方政府隐性或有债务）。由于地方政府或有债务具有较强的不确定性，它一直都被排除在政府会计的核算体系之外。

地方政府的显性或有债务主要包括地方政府担保的主权外债、地方政府的国债转贷中由建设单位承担的部分、地方政府担保的国内金融机构贷款、国债项目配套资金以及粮棉、供销等企业的政策性挂账等。隐性或有债务则主要是下级政府的财政缺口和债务、地方金融机构的不良资产和债务、地方国有企事业单位的亏损、欠债或损失挂账、以政府名义融资违规运行形成的或有债务、地方政策性投资公司的呆坏账损失、对非公共部门债务的清偿以及自然灾害和突发事件的超常救援等。

由于数据的缺失，对地方政府的或有债务规模难以进行全口径的权威统计。但毫无疑问的是，中国地方政府的或有债务规模庞大，可能是直接显性债务的数倍，地方政府的实际总债务规模远大于其账面数字。除数量上的重要性之外，在性质上，地方政府或有债务由于不会反映在收付实现制的政府会计体系中，具有极强的隐蔽性，一旦或有债务转变成实际负债，将给地方财政造成突发性重大打击，导致地方政府的财政压力陡增，产生严重的负面影响。因此，改进对地方政府或有债务的会计处理势在必行。

或有负债的计量是一个技术难点，在目前估计技术不成熟和权责发生制应用程度较低的情况下，可首先考虑从表外披露入手，先易后难，以此作为核算地方政府或有债务的切入点。具体来说，可考虑收集地方政府的担保信息，编制地方政府担保事项表，披露政府担保项目及担保金额，如果可能的话，也可给出担保损失的范围，地方政府的隐性担保也应包括在内；可考虑对地方政府的或有债务做出风险评级，编制风险揭示表进行披露，并与以往年度进行比较，以便全面、及时、有效、持续地反映地方政府或有债务存在的主要风险；对于一些发生可能性高的、性质重要、需重点关注的或有债务事项可考虑进行单独披露，在进行定性描述的同时，通过区间估计的方式来表述可能金额，并估计对地方财政可能造成的影响；对于发生可能性较小但性质重要的地方或有债务事项可考虑在附注中做出定性描述。在披露地方政府或有债务信息时，应遵循重要性、谨慎性以及成本效益原则，并尽量采用比较与多维度披露模式，以更全面地反映地方政府的或有债务情况。

表外披露的方式十分灵活，实施难度较低，能在一定程度上填补中国地方或有债务的披露盲点。然而，这一方式有其固有的缺陷，它绕开了权责发生制问题，是在中国现有条件下选择的一种折中做法。随着计量技术的逐渐成熟和权责发生制应用程度的不断加深，可参照企业会计中对或有事项的处理，考虑对发生可能性高且性质重要的显性或有债务事项进行表内确认。

此外，鉴于融资平台在地方政府举债融资中的重要性以及融资平台现存的会计核算问题，本书认为可按照其所承担的项目与业务特征，为地方政府融资平台设计一套专门的会计核算制度，并要求融资平台向财政部门定期报送按项目分类的债务增减变动表、债务类别一览表、债务担保情况表等（李建发和林可欣，2013）。

（三）地方政府直接隐性债务的会计处理

地方政府的直接隐性债务，指的是虽然未经法律、法规或合同明确规定，但政府出于"道义"责任，或者出于现实的政治压力而不得不（全部或部分）清偿的已经发生的债务。在中国，地方政府的直接隐性债务主要是社会保障基金支付缺口。

简单来说，社会保障是指国家通过法律对社会成员在生、老、病、死、伤、残、丧失劳动能力或因自然灾害而面临生活困难时给予物质帮助，以此来保障每一个公民的基本生活需要的制度。中国目前社会保障制度的基本框架包括社会保险（养老保险、医疗保险、失业保险以及农村社会保险）、社会救助、社会福利、社会优抚四大部分，其中，社会保险是社会保障体系的核心。为保证履行社会保障职能所需的必要资金，普遍做法是建立社会保障基金（以下简称"社保基金"）。中国的社保基金主要包括城镇职工基本养老保险、基本医疗保险、城镇居民最低生活保障、失业保险和下岗职工基本生活保障资金这五部分，它们都在不同程度上存在基金缺口的问题。

中国的社保基金主要通过《社会保险基金会计制度》（财会〔2017〕28号）所确立的社保基金会计制度来核算和报告。这一会计制度以收付实现制为基础，主要核算动态的社保基金收支活动。这虽然可有效防范社会保障预算虚收、虚支等现象，但无法全面反映出社保基金的资产、负债和净资产情况，更无法揭示社保基金缺口的情况，不利于相关风险的预防。在对社保基金收支的反映上，中国社保基金会计体系不但没有体现出社保基金存在的缺口，反而造成了地方政府收入支出表中社保基金大量结余的假象，大部分结余资金为当期应计、需要在未来财政年度陆续支付的费用。为扭转这一现状，中国现行的社保基金会计制度需要进行较为彻底的变革。

针对社会保障义务的会计核算，国际会计师联合会（IFAC）指导委员会（Steering Committee）于2004年发布了意见征询书"政府社会政策会计"（Accounting for Social Policies of Governments）。虽然在这份意见征询书上指导委员会成员未能达成一致意见，但大部门成员都认为社会政策义务在满足准备金（Provisions）确认条件的情况下方能予以确认（王瑶，2007）。要确认准备金，需满足的条件之一是义务的金额能够可靠地计量。由于社会保障计划的收支情况发生在未来，只能通过精算法来估计它们的金额，将未来社保计划的支出与收入相抵后进行折现，即可计算出所谓的精算负债，即社保基金缺口。由于精算所得出的数据是建立在一系列假设的基础之上，折现率的选择也存在较大的人为主观因素，在会计、统计领域中社会保障义务的计量问题都尚未得到妥善的解决。在这样的条件下，若对中国社保基金缺口进行表内确认可能招致较大的争议，表外单独披露的方式具有更大的可操作性。本书还建议，需要加快研究适合于中国国情的社保基金缺口的核算方法，可考虑运用代际核算（Generational Accounting）对中国目前的社保政策进行较为科学的评价。由于本书研究的是地方政府基于各种因素而产生的主动举债行为，而社保基金缺口属于被动负债，严格来说并不在研究范围，因此不对这一问题做过多说明。

综上所述，中国现行的政府会计体系存在诸多问题，不利于对地方政府债务的监督与治理，进行政府会计改革，建立一个良好的政府会计体系是破解地方债务隐忧的重要方面。政府会计改革是一项庞大、复杂的系统工程，对地方债务核算的改革只是其中的一个方面，但它与地方政府债务管理的关系最为紧密，对地方政府债务管理的作用也最为直接。具体来说，本书建议把地方债务的核算重点放在直接显性债务上，对于一些能够可靠计量、发生可能性高、性质重要的或有债务事项也可适当确认，其他或有债务及直接隐性债务则以披露为主。同时，权责发生制的引入应遵循循序渐进、从易到难的原则，逐步扩大对地方政府债务的核算范围，从而更加全面、准确地反映出地方政府的负债情况，为地方债务的管理与风险控制提供可靠的数据支持。

七、政府综合财务报告制度

中国目前实行的政府财政报告制度是以收付实现制政府会计核算为基础的决算报告制度，主要反映政府年度预算执行情况的结果。这一报告制度虽然对加强预算管理与监督发挥了重要作用，但却无法科学、全面、准确反映政府的资产与负债存量情况，难以满足地方债务管理的需求，也不利于财政的可持续发展与国家治理水平现代化的推进。因此，在政府会计改革的基础之上，还应建立起权责发生制的政府综合财务报告制度，以支持地方债务管理的规范与相关财政风险的防范。

随着经济、社会的不断发展，党中央也愈加意识到现有决算报告制度的缺陷，并在党的十八届三中全会通过的《中共中央关于全面深化改革若干重大问题的决定》中明确提出"编制全国和地方资产负债表""建立权责发生制的政府综合财务报告制度"。为响应《中共中央关于全面深化改革若干重大问题的决定》的号召，2014年国务院转批财政部《权责发生制政府综合财务报告制度改革方案》（国发〔2014〕63号），正式拉开了政府财务报告制度改革的序幕。

早在2010年底，财政部便发布了《权责发生制政府综合财务报告试编办法》，在11个省区市开展试编工作。截至2012年，试编工作的范围已扩大到20多个省区市及其所属的部分县市。然而，试编工作所编制的并非真正意义上的权责发生制政府综合财务报告，因为它只是在现行收付实现制的政府会计的基础之上编制，而并未将权责发生制引入政府会计的核算系统。主要做法是日常核算仍以收付实现制为主，并不改变当前的预算会计核算制度，年终则按权责发生制原则对有关数据进行调整与转换，补充权责发生制的有关数据资料，并在转换后数据的基础上编制以权责发生制为基础的政府年度综合财务报告。这一过程基本依靠手工完成，没有相应的数据系统作为支撑，整个过程较为烦琐、复杂。其中的一个突出问题在于这样编制的政府综合财务报告并不是通过会计确认、计量、记录与报告而生成，无法保持严格的证、账、表关系以及会计数据之间的勾稽关系，因此难以保证数据的相关性与可靠性。可见，建立健全政府综合财务报告制度的关键前提条件在于改革现有的政府会计体系，在政府会计的核算层面就逐步引入权责发生制。依托于以权责发生制为基础的政府会计体系，才能真正建立起权责发生制的政府综合财务报告制度。政府综合财务报告的报告主体既可以是地方政府，又可以是中央政府。鉴于地方政府债务这一主题，本书主要立足于地方政府，从地方政府综合财务报告的编制、审计与公开这三个方面来探讨如何通过构建政府综合财务报告制度来加强地方政府债务管理。

（一）地方政府综合财务报告的编制

编制政府综合财务报告是一项庞大的系统工程，涉及资产负债表、运营表、现金流量表及报表附注等多张报表，其中政府资产负债表是重中之重，尤其是对地方政府的债务管理而言。政府资产负债表是政府财务报告的核心组成部分，控制地方政府债务风险更是离不开政府资产负债表。刘尚希（2002）指出，就债务论债务无法真实地反映出债务风险，而应将债务与可用于清偿债务的资产联系起来，才能进行完整的债务风险分析。政府资产负债表正是将政府资产与负债结合起来进行分析的重要工具。作为会计报表体系中最主要的一张报表，政府资产负债表提供了在某一时点政府的债务与资产存量情况，可反映出政府未来将面临的风险以及抵抗风险的能力，并可作为评估地方政府债务风险水平以及举债能力的重要依据之一。汤林闽（2014b）也强调全面分析地方政府债务风险需要从地方政府资产与负债相结合的角度进行，地方政府资产负债表正是其中的关键点。对地方债的关注不能只着眼于资金的流量，现金流是否会断裂只会影响地方政府的短期偿付能力，评价地方政府债务风险更核心、关键的指标在于资产负债率，而地方政府的资产负债表则是直观反映各地方政府资产负债率情况的重要财务工具。在某种程度上，地方政府的资产负债表可以说是整体构建地方政府债务管理体系的重要前提或基础。因此，积极推动地方政府编制资产负债表，对控制地方债务风险以及整个财政风险都将起到十分重大的意义。鉴于此，在此主要探讨地方政府资产负债表的编制。

编制地方政府资产负债表的关键在于明确地方政府资产与负债的范畴，并对应纳入地方政府资产负债表的资产与负债项目进行合理的分类与列报。对地方政府资产负债表中各项目金额的核算则更多地依赖于政府会计的核算体系。

1. 资产方的构建

中国目前对地方政府资产的界定模糊不清，要构建地方政府资产负债表的资产方，首先，必须确定地方政府资产的内涵与界限。只有在明确这一定义的基础上，才能确定哪些资产应纳入地方政府资产负债表进行报告。国际公共部门会计准则（IPSASs）将资产定义为作为过去事项的结果而由主体控制并且其所带来的未来经济利益或服务潜能被预期会流入主体的资源。类似地，美国联邦财务会计概念与准则（FFACS）提出资产是体现联邦政府控制的经济利益或服务的资源。可见，地方政府资产首先必须是一种包含了经济利益或者服务潜能的资源，其次，它必须由地方政府控制，即地方政府能从该资源中获得相应的经济利益或服务，并且能够拒绝或限制其他主体对这些经济利益或服务的使用。鉴于此，本书将地方政府资产界定为由中国地方政府控制的包含经济利益或服务潜能的资源。

在资产的分类上，目前存在多种不同的分类方式。国际货币基金组织出版的《财政透明度手册》将资产分为两大类，即金融资产与非金融资产。金融资产主要用于帮助政府清偿债务、承诺以及为预设活动提供资金，包括持有的金融债券、货币、黄金等。非金融资产则主要包括固定资产、存货、无形资产、投资性房地产等。国际会计师联合会公立单位委员会把政府资产划分为金融资产、实物资产和无形资产三类。其中，金融资产的范畴与《财政透明度手册》所界定的类似，包含政府持有的现金、临时性投资、应收收入等；实物资产一般指的是有物质形态的资产，主要为非流动的长期资产，包括固定资产、基础设施资产、遗产资产、自然资源、国防或军用资产等，但也有特例，如存货则属于流动性的实物资产；无形资产的特点则在于没有一定的形态或实体。具体到政府资产上，汤林闽（2014a）按照政府资产提供公共服务方式的不同，将政府资产分为财力性资产和服务性资产。财力性资产是转化为可用财力的可能性较大和蕴含的财力潜能较高的资产，通常需先转化为政府的可用财力，然后由政府运用所转化的可用财力间接地来提供公共服务。服务性资产则指转化为可用财力的可能性较小和蕴含的财力潜能较低的资产。这类资产一般不会转化为可用财力,而是直接用于向社会提供公共服务与产品,或者维持政府机构的正常运营等。在这几种主流分类方式的比较之下,本书认为中国的地方政府资产负债表在列报资产时采用服务性资产与财力性资产这一分类方式更为合适。同时,考虑当地方政府面临债务危机时,地方政府真正能够用作抵御风险的资产往往是能够进行交易的金融资产,因此为方便债务风险分析与评估,地方政府资产负债表在列报资产时对金融资产与非金融资产也应有所区分。参考汤林闽(2014a,2014b)以及《中国财政政策报告2013/2014》,本书建议将地方政府资产负债表的资产方资产分为以下五类项目:

第一,金融资产。在金融资产项目下建议分设两个子项,分别是地方财政性金融资产和其他地方金融资产。

第二,实物资产。在实物资产下,可考虑分设三个子项,分别是地方性基础设施、地方运营性固定资产和地方行政事业单位的存货及相关资产。这些实物资产都应由地方政府监管,地方单位占有、使用的国有资产。完全由地方政府投资建成的基础设施毫无疑问应属于地方政府资产的范畴。由中央和地方共同出资建设的基础设施,只要地方政府能够控制与该基础设施相关的经济利益或服务潜能,则也应算作地方政府资产更为合适。地方政府通过其他方式取得所有权的基础设施也应视作地方政府资产。地方运营性固定资产主要指地方行政事业单位占有和使用的国有固定资产,这些资产主要为地方政府的运营服务,如地方政府的办公楼等。不同于地方性基础设施和地方运营性固定资产,地方行政事业单位的存货及相关资产为流动性的实物资产。

第三,国有经济。在国有经济方面,可设置企业的地方国有净资产和金融机构的地方国有净资产两个子项,分别指企业和金融机构国有净资产中应归属于地方政府的部分。

第四，资源性资产。若从所有权的角度来看，按照中国的相关法律，土地资产、矿产资源、水资源等资源性资产都应属于中央政府资产。但是，根据本书对资产的定义，判定是否属于地方政府资产的关键并不在于所有权，而在于地方政府能否控制与该资产相关的经济利益或服务潜能。资源性资产具体可分为地方收益的土地资产、地方收益的矿产资产、地方收益的森林资产、地方收益的水资产等。资源性资产的计量是编制地方政府资产负债表的一个难点，可考虑采用市场价格、使用成本或收益折现等方式对资源性资产进行估值，这一问题值得广大学者进行深入研究。

第五，无形资产。无论是在企业会计还是政府会计中，无形资产的计量都是一个难题。本书认为，纳入地方政府资产负债表的无形资产应能够进行可靠的计量，对于无法进行可靠计量的无形资产则应在报表附注中进行披露。

在这五类项目中，金融资产与实物资产属于服务性资产，国有经济与资源性资产属于财力性资产，而无形资产中可能既有属于服务性资产的部分，又有属于财力性资产的部分，具体如表 7 - 3 所示。此外，由于地方政府融资平台的定位比较模糊，对其资产的归类问题还有待考究。如果将地方政府融资平台定位为国有企业，那么其资产显然应归在财力性资产中国有经济一类下。如果不将融资平台定位为国有企业，那么考虑其资产主要都用于为地方居民提供公共服务或维持平台公司的日常运营，则应将其归入到服务性资产中的金融资产或实物资产下。

2. 负债方的构建

在负债的定义上，IPSASs 指出负债是源自过去事项的现时义务，对其的清偿被预期将会导致含有经济利益或服务潜能的资源从主体流出。FFACS 将负债定义为"在某一指定事项发生时，或者经要求时，联邦政府的一项在某一确定的日期向另一个主体提供资产或服务的现时义务"。关于地方政府负债的范畴，在前文中已有论述。《中国地方债务管理研究》课题组将地方政府负债界定为地方各级政府（省、市、县、乡四级）作为债务人须按法定条件和协议约定，向债权人承担的资金偿付义务。将这几个关于负债的定义结合起来，本书认为，地方政府负债指的是中国地方政府负有的，当特定事项发生时会导致经济利益或服务从地方政府流出的现时义务。

表7-3 地方政府资产负债表资产方

资产		
服务性资产	财力性资产	其他地方政府资产
金融资产	国有经济	
地方财政性金融资产	企业的地方国有净资产	
其他地方金融资产	金融机构的地方国有净资产	
实物资产	资源性资产	
地方运营性固定资产	地方收益土地资产	—
地方性基础设施	地方收益矿产资产	
地方行政事业单位存货及相关资产	地方收益森林资产	
—	地方收益水资产	
地方政府事业单位的无形资产	地方政府事业单位的无形资产	

注：其他地方政府资产是一个调整项目，用于反映应纳入资产方而本书未考虑的地方政府资产。

参考汉娜对债务的分类，地方政府负债可分为直接显性债务、直接隐性债务、或有显性债务以及或有隐性债务四类。审计署在对地方政府债务的审计报告中将地方政府债务分为三类，分别是地方政府负有偿还责任的债务、地方政府负有担保责任的或有债务以及地方政府可能承担一定救助责任的债务。这两种分类方式大同小异，在此基础上，本书建议在地方政府资产负债表中将负债方分为直接显性债务、或有隐性债务两大项目。其中，或有及隐性债务只有在满足确认条件时才能进行表内确认。如果虽不符合确认条件，但某一或有及隐性债务事项金额巨大且性质重要，那么需要在报表附注中对该债务事项进行详细披露。

在这两个负债项目中还可以进一步划分子项。有两种划分方法可供选择：一是按流动性进行划分，在这两个负债项目下都分设短期债务和长期债务两个子项（见表7-4）；二是按照举债的主体进行划分，在这两个负债项目下分别设置融资平台公司负债、政府部门和机构负债、经费补助事业单位负债、国有独资或控股企业负债、自收自支事业单位负债、其他单位负债以及公用事业单位负债七个子项（见表7-5）。这两种划分方式各有优势，第一种方式将短期与长期债务进行区分，与企业资产负债表的列报方式类似，有利于更加直观地反映出地方债务风险；第二种方式则借鉴了国家审计署审计报告中对地方债务的划分，能够反映出地方政府债务的来源及分布情况，便于对地方政府债务分主体进行治理。

表7-4 地方政府资产负债表负债方（构建方式 a）

负债		
直接显性负债	或有及隐性负债	其他地方政府负债
短期负债	短期负债	—
长期负债	长期负债	

注：其他地方政府负债是一个调整项目，用于反映应纳入负债方而本书未考虑的地方政府负债。

表7-5 地方政府资产负债表负债方（构建方式 b）

负债		
直接显性负债	或有及隐性负债	其他地方政府负债
融资平台公司负债	融资平台公司负债	—
政府部门和机构负债	政府部门和机构负债	
经费补助事业单位负债	经费补助事业单位负债	
国有独资或控股企业负债	国有独资或控股企业负债	
自收自支事业单位负债	自收自支事业单位负债	
其他单位负债	其他单位负债	
公用事业单位负债	公用事业单位负债	

注：其他地方政府负债是一个调整项目，用于反映应纳入负债方而本书未考虑的地方政府负债。

3. 地方政府资产负债表框架

综合前文论述，可得到本书建议的地方政府资产负债表框架，具体如表7－6和表7－7所示。除编制"静态"的地方政府资产负债表外，在报表附注中地方政府还可考虑提供对地方政府未来几年资产负债情况的预测信息及未来的财政预算收支信息，并逐步将预测年度从三年延长至五年，甚至更长。这些预测信息能够帮助地方政府及上级政府更好地预测未来的债务风险，从而未雨绸缪地防范长期财政危机。

表7－6 中国地方政府资产负债表（框架 a）

资产		负债	
服务性资产	财力性资产	直接显性负债	或有及隐性负债
金融资产 　地方财政性金融资产 　其他地方金融资产	国有经济 　企业的地方国有净资产 　金融机构的地方国有净资产	短期负债	
实物资产 　地方运营性固定资产 　地方性基础设施 　地方行政事业单位存货及相关资产	资源性资产 　地方收益土地资产 　地方收益矿产资产 　地方收益森林资产 　地方收益水资产	长期负债	
地方政府事业单位的无形资产			
其他地方政府资产		其他地方政府负债	
地方政府资产总计		地方政府负债总计	
地方政府净值			

表7－7 中国地方政府资产负债表（框架 b）

资产		负债	
服务性资产	财力性资产	直接显性负债	或有及隐性负债
金融资产 　地方财政性金融资产 　其他地方金融资产	国有经济 　企业的地方国有净资产 　金融机构的地方国有净资产	融资平台公司负债	融资平台公司负债
		政府部门和机构负债	政府部门和机构负债
		经费补助事业单位负债	经费补助事业单位负债

续表

资产		负债	
实物资产 　地方运营性固定资产 　地方性基础设施 　地方行政事业单位存货及相关资产	资源性资产 　地方收益土地资产 　地方收益矿产资产 　地方收益森林资产 　地方收益水资产	国有独资或控股企业负债	国有独资或控股企业负债
		自收自支事业单位负债	自收自支事业单位负债
		其他单位负债	其他单位负债
地方政府事业单位的无形资产		公用事业单位负债	公用事业单位负债
其他地方政府资产		其他地方政府负债	
地方政府资产总计		地方政府负债总计	
地方政府净值			

(二) 地方政府综合财务报告的审计

为保证政府综合财务报告的真实性与可靠性，还应建立起对地方政府综合财务报告的定期审计监督机制，由审计机关提供客观、公允的审计报告，并规定只有经过审计机关鉴证的财务报告才能提交立法机关和向社会公布。审计机关可通过以"上审下"为主、"同级审"为辅的方式对地方政府公布的综合财务报告定期进行审计。考虑地方政府突出的债务问题，审计的重点应着落于对地方政府综合财务报告中有关偿债能力的数据进行真实性审计。具体来说，对地方政府综合财务报告的审计应注重以下五个方面：

1. 地方政府的负债规模

除核实负债规模数据的真实性外，审计机关还应充分了解债权人、债务来源以及债务资金投向等方面的结构及增减变化情况，以及时发现债务举借及使用过程中出现的新情况、新问题，并全面揭示地方债务风险隐患。

2. 地方政府债务管理情况

审计机关应客观评价地方政府及有关部门在完善地方政府债务管理制度、妥善处理存量债务、严控新增债务以及清理地方政府融资平台等方面所采取的措施及取得的成效。具体来说，审计机关应关注地方政府的债务管理制度是否健全合理，是否明确归口管理部门，是否建立起相关的地方债务风险预警机制，是否设置偿债准备金，是否按照《国务院关于加强地方政府融资平台公司管理有关问题的通知》（国发〔2010〕19号）文件的要求清理规范地方政府融资平台公司，是否将机关办公楼、学校、医院、公园及市政道路等公益性资产和储备土地违规注入融资平台公司，已注入融资平台公司的土地是否经过法定出让或划拨程序等问题。

3. 地方政府债务的举借情况

审计机关应关注有关单位在举借债务的过程中是否存在抵押物价值高估、虚假或不合法抵押物等违规贷款行为，是否存在弄虚作假发行企业债券和中期票据等行为，是否存在违规提供直接或间接担保等问题，是否存在以信托融资、融资租赁、集资、回购、垫资施工、延期付款、向非金融机构或个人直接借款以及以个人名义借款等举借债务的行为，是否存在承诺将储备土地预期出让收入作为偿债资金来源等违规行为。此外，审计机构不能忽视地方政府融资平台的举债情况，应注意各融资平台公司的举借行为是否合规合法，是否存在违规通过财务公司、信托公司、基金公司、金融租赁公司、保险公司等举债地方政府负有偿还责任的债务的行为等。

4. 地方政府债务资金的使用情况

在债务资金的使用上，审计机关应将关注的重心放在相关资金使用的合规性、经济性、效率性以及效果上。具体来说，审计机关应注意地方政府及有关部门是否存在将地方债务资金投向高耗能、高污染、产能过剩行业等违反国家产业政策的行为，是否存在违规进入房地产市场、资本市场的行为，是否存在未按合同规定使用债务资金的行为，是否存在投资建设"形象工程"、"面子工程"、楼堂馆所的行为以及是否存在债务资金闲置浪费等问题。在此基础上，审计机构还应客观评价地方政府债务资金在支持经济社会发展、改善民生等方面所发挥的作用。

5. 本级财政和预算部门、单位结余资金和留存未用资金情况

审计机构应重点关注预算净结余资金、预算结转类资金、各类财政专户结存资金以及其他财政存量资金的规模、分布、项目构成、期限结构、资金结存形态等方面的情况。审计的重点在于财政资金是否存在长期沉淀、闲置、未发挥应有效益、管理效率低下等问题，财政管理是否存在不细化、不科学之处，预算管理是否存在约束软化、预算编制不科学等问题。

在审计过程中，审计人员应注重负债率、债务率、偿债率、逾期债务率、借新还旧率等指标工具的使用，客观分析地方政府债务风险及其变化情况。考虑地方政府融资平台的特殊性，审计机关还不能忽视对平台公司资产质量、财务状况、盈利能力以及偿债风险等情况的分析。除真实性审计外，审计机关还应就审计过程中发现的问题向地方政府及有关部门提供建设性意见，就加强地方政府债务管理、有效防范和化解地方债务风险、清理压缩财政结余结转资金、盘活财政存量资金、提高债务资金使用效率与效果以及保障经济可持续健康发展等方面提出意见与建议。

(三) 地方政府综合财务报告的公开

目前，试编的地方政府综合财务报告并不对外公开，仅供政府部门内部使用。但是，编制权责发生制政府综合财务报告的目的并不仅仅在于供各级财政部门实施财政管理之用，同时还应满足社会公众的信息需求。美国、法国、澳大利亚等国的政府财务报告都定期向社会公众公开披露，以满足公民的知情权并保证地方债务信息的公开与透明。因此，中国也有必要建立起政府综合财务报告的公开机制，将审计后的地方政府综合财务报告与审计报告一起向社会民众公开，以接受社会公众的监督。中央政府应研究制定并出台政府综合财务报告对外公开的相关制度和指导意见，使地方政府综合财务报告的报送与公开能够有章可循，以避免出现各地各行其是、信息混乱的现象。

公开地方政府的综合财务报告，一方面可以增加政府财政透明度，便于社会公众及时了解地方政府的财务状况以及负债情况，满足广大民众日益增长的信息需求；另一方面它将公众引入对地方债务的监控体系，有利于社会公众对地方政府的债务融资行为进行监督，督促地方政府合理举债并以更加有效的措施来解决现存的债务问题，逐步实现由内部监控向外部监控的过渡，因此这也是防范财政风险的一项重要举措。公开披露地方政府的综合财务报告，使地方债务信息透明化，还有助于建立起对地方政府债务融资的自我约束机制。随着地方政府自行发债闸门的放开，未来地方政府债券市场的建设与规范也离不开地方政府综合财务报告的公开披露。

八、地方政府债务管理问责机制

所谓问责机制，指的是发现、纠正在政府过程及其成员行为上的错误或不当行为，并根据错误行为的性质和程度及由此产生的后果对责任人予以惩戒，使政府过程在人们所希望的轨道上运行（金东日和张蕊，2014）。问责机制是现代民主行政的一项重要内容，旨在全面监督政府职能的履行，并对政府的失责行为追究责任。为完善中国党政机关的问责机制，中共中央颁布了《党政领导干部辞职暂行规定》《中共中央关于加强党的执政能力建设的决定》《中华人民共和国公务员法》等一系列文件及法规。响应中央号召，各地的问责办法也陆续出台，如《海南省行政首长问责暂行规定》《重庆市政府部门行政首长问责暂行办法》《浙江省影响机关工作效能行为责任追究办法》等。然而，中国地方政府的问责机制还存在诸多不足，如异体问责缺失、问责范围过窄、问责弹性空间过大、问责程序不够规范、公开性不足等，导致难以实现对地方政府的运行予以全方位的有效问责，失责人员可能逃避责任、避重就轻，无法受到应有的惩治。

在地方政府债务管理的情境下，对于地方政府的债务融资，相关问责机制严重缺位，无法有效控制地方政府的盲目举债行为，因此加强地方政府的债务管理绝不能忽视相关问责机制的建设。巴西设立了严厉的问责机制来规范地方政府的举债行为，通过专门的法律对违反《财政责任法》的地方或个人给予程度不同的处罚，具体制裁包括罚款、弹劾以及监禁等。问责机制作为一种事后监管措施，对地方政府债务融资行为的治理与规范将起到关键性的作用，若缺少相应的问责机制作为保障，地方政府的债务管理制度将形同虚设。因此，本书建议以《中华人民共和国行政处罚法》《中华人民共和国行政监察法》《中国共产党纪律处分条例》《党政领导干部辞职暂行规定》等为法理依据，建立起地方政府债务管理的问责机制。

（一）问责主体

问责主体，指的是在问责机制中能够合法合理地承担问责功能的组织、群体或个人，即问责行为的主动发起者。根据我国地方政府问责制的实际运作，问责主体可分为五类，包括上级政府或党委、纪律检查委员会（纪委）、人民代表大会（人大）、司法机关以及社会实体。基于问责主体与地方政府之间的关系，可以将问责类型划分为两类，即同体问责与异体问责。其中，同体问责是指执政党系统对其党员干部的问责，以及行政系统对其行政人员的问责；异体问责则是指问责主体处在本系统之外的问责。当前，中国地方政府问责机制一般由上级政府或党委来启动，属于典型的同体问责。因此，促进地方政府债务管理问责机制的合理构建与有效运行，亟须改变当前异体问责缺位的现状，充分发挥异体问责的作用。

同级地方人大是最重要、最高地位的异体问责主体，它与地方政府之间一般不存在权力的制衡或分化，也不存在部门利益的纷争，加之人大的法定权威以及对同级地方政府职能行使的知情度，同级地方人大完全可以成为最权威的异体问责主体，并在对地方政府债务融资行为的问责中发挥主导作用。社会媒体虽然是非正式力量，但各种媒体凭借其强大的传播力、渗透力、覆盖力与公开性，能够对监督地方政府的债务融资行为起到不可替代的作用，也是十分重要的异体问责主体。地方公众，作为地方政府行为的直接利益相关者，也是异体问责的重要主体之一。公民个体可通过媒体、信访等方式揭露地方政府举债过程中的失责、违规行为，提出问责要求，也能以地域或行业等为基础联合起来，以组织化形态与地方政府进行对话，以发挥问责作用。相比同体问责，异体问责无疑是更有效的一种问责形式。因此，在建设地方政府债务管理问责机制的过程中，应在保有同体问责的同时，强化异体问责的作用，实现问责主体的多元化，从而将地方政府的举债行为置于多视角的监督之下。

（二）问责客体

问责客体，即问责对象，是地方政府运行过程中出现问题时的责任承担者，也就是接受问责的一方。根据地方政府部门及其责任人权力的重要程度，可以将问责客体分为负有具体责任的地方政府相关部门及其官员、负有直接或主要责任的地方行政领导部门及其相关负责人、负有直接或间接领导责任的执政党地方领导机构及其负责人以及负有直接或间接领导责任的上级政府及其负责人。在地方政府债务管理问责机制中，应将这四类问责客体都包括在内，依据在权力体制内权责对应的原则逐层追究相应责任，以起到警示作用。

由于中国体制架构的复杂性、组织与人事设置的重叠以及法制化程度不高等原因，中国地方政府党政领导之间、正副职之间、上下级之间的责任划分模糊，导致问责对象难以确定。针对这一问题，应清晰、合理地划分党政领导之间、正副职之间、上下级之间各自的责任，并通过法律等制度形式对责任配置以及相应的问责标准予以明确规定。只有明确的责任划分和清晰、准确、稳定、公平的制度化问责标准，才能保证正常的问责秩序、良好的问责实效以及问责机制的公平公正。

（三）问责范围

在地方政府债务管理的情境下，问责范围应包括地方政府的违规举债行为、债务违约行为、违规担保承诺行为、收到预警信号后没能在规定时间内将相关预警指标带回安全区间的行为、对地方政府举债的盲目决策或决策失误、脱离实际过度举债、违规使用债务资金、恶意逃废债务、地方政府所管辖融资平台公司的债务违约或运作不合规以及对融资平台公司清理规范不到位等失责行为。本书建议应全面拓宽问责范围，过错责任与非过错责任都应追究，将无作为、不作为、乱作为、作为不力等都纳入问责范围，问责客体主观意识能力范围内的未履行或未妥善履行其职责的行为均应问责，以强化地方政府的责任意识。

（四）问责方式

问责方式，即问责客体承担责任的方式。地方政府的问责方式主要有以下几种：①取消当年评优评先资格；②诫勉警告；③责令限期整改；④责令书面检查；⑤责令公开道歉；⑥通报批评；⑦责令辞职；⑧建议免职。有些地方政府将行政处分或引咎辞职也作为问责方式的一种。总体来说，地方政府的问责方式过于笼统，在各地的问责办法中对问责方式只是进行了简单列举，并没有说明各种问责方式具体应针对哪种责任，导致操作起来弹性过大，容易出现问责不彻底、不到位的问题。

（五）问责程序

问责程序是指问责主体针对问责客体进行监督与问责的具体方式、步骤、顺序与时限等。问责程序虽然在各地存在些许差别，但大致可划分为"启动→调查→听取陈述与申辩→决定→送达→执行→救济"这几个环节。

在建立地方政府债务管理问责机制的过程中，本书认为可以通过立法等方式来规范问责程序，完善问责程序的各个环节，并对异体问责程序加以明确规定。由于中国尚未形成一套完整、健全、成熟的地方政府问责机制，在问责过程中难免会出现偏差或失误，因此，问责救济这一环节显得更加重要。在问责机制的建设中应重视问责救济这一环节，对救济方式与程序进行明确规定，以保证问责救济能有效发挥作用，并增强问责的公正性与合理性。同时，问责过程应公开透明，问责过程与结果都应及时向公众与媒体公布。

第五节 小结

根据中国国情以及中国地方政府债务融资的现状，本章将地方政府债务融资治理的短期目标确定为尽快实现地方政府债务的良性运行，具体包括实现地方政府债务的规范、适度、透明和高效这四个方面。然而，实现地方政府债务的良性运行并非地方债务管理的终极目的。从长远来看，地方政府债务融资治理的长期目标应着眼于使地方政府举债能够更好地服务于地方政府职能的履行，为地方的发展与治理、国家的长治久安服务。在地方政府债务的管理机构上，本书建议在中央财政部特设一个专门负责地方债务管理的机构，由该机构负责统筹管理全国的地方政府债务，并实现对地方政府债务的统一归口管理。财政部门、发展改革部门以及金融监管部门须切实履行好各自在地方债务管理上的职责，并加强相互间的协调与配合，以全面做好加强地方政府债务管理的各项工作。考虑中国的市场约束力、预算约束强度以及其他制度特征，在地方政府债务管理制度建立之初，建议宜采用以行政控制为主的债务管理机制，并辅之以一定的规则控制与市场约束。随着地方政府债务管理制度的不断发展以及政府间财政关系的不断完善，规则控制应逐步从辅助地位上升到主导地位。同时，随着金融市场改革的推进以及地方债务市场的成熟，市场约束也应在地方政府债务管理上发挥更大的作用。以地方政府债务管理的目标为指引，以地方政府债务管理机构为组织保障，以地方政府债务管理机制为核心，应建立起一套完整、高效、有序的地方政府债务融资治理体系，从事前、事中及事后这几个方面对地方政府债务融资实施全面监管。具体来说，在事前监管上，尽快实现政府职能的彻底转换，深化财政分权改革，并将总量控制、地方政府债券的审批与授权以及债券收入的用途限制等事前监控措施融入地方政府债券的制度设计；在事中监管上，建立起地方政府债务风险预警机制与地方政府信用评级机制，并通过政府会计改革与政府综合财务报告制度来完善对地方政府债务信息的核算与披露，提高地方债务信息的透明度，从而为地方政府债务监管体系的有效运行提供完备、可靠的信息支持；在事后监管上，建立起地方政府债务管理的问责机制，对地方政府的违规举债、违规承诺担保、债务违约以及债务管理不善等行为施以严厉的惩罚，以保证地方政府债务融资治理体系的执行力度。

参考文献

[1] 安立伟. 美国地方政府债务管理的民主思想分析与借鉴 [J]. 财政研究, 2012a (9)：66 – 68.

[2] 安立伟. 美日加澳四国地方政府债务管理做法对我国的启示 [J]. 经济研究参考, 2012b (55)：83 – 88.

[3] 蔡昉, 王美艳, 都阳. 人口密度与地区经济发展 [J]. 浙江社会科学, 2001 (6)：2 – 16.

[4] 蔡晓辉, 辛洪波. 我国城投债规模扩大的原因、风险及对策 [J]. 商业时代, 2013 (7)：78 – 79.

[5] 财政部预算司考察团. 美国、加拿大州（省）、地方政府债务情况考察报告 [J]. 财政研究, 2010 (2)：78 – 80.

[6] 曹婧, 毛捷, 薛熠. 城投债为何持续增长：基于新口径的实证分析 [J]. 财贸经济, 2019 (5)：5 – 22.

[7] 曹晓武. 中国地方政府债券发展研究 [M]. 武汉：湖北人民出版社, 2012.

[8] 曹裕, 陈晓红, 马跃如. 城市化、城乡收入差距与经济增长——基于我国省级面板数据的实证研究 [J]. 统计研究, 2010 (3)：29 – 36.

[9] 陈炳才，田青，李峰. 地方政府融资平台风险防范对策 [J]. 中国金融，2010 (1)：76－77.

[10] 陈国绪. 我国地方政府信用评级制度创新研究 [J]. 财经问题研究，2014 (8)：107－112.

[11] 陈会玲，刘锦虹. 地方政府债券违约风险形成机制及防范——基于委托代理问题的分析 [J]. 企业经济，2012 (7)：142－145.

[12] 陈菁，李建发. 财政分权、晋升激励与地方政府债务融资行为——基于城投债视角的省级面板经验证据 [J]. 会计研究，2015 (1)：61－67.

[13] 陈硕，高琳. 央地关系：财政分权度量及作用机制再评估 [J]. 管理世界，2012 (6)：43－59.

[14] 陈志勇，陈思霞. 制度环境、地方政府投资冲动与财政预算软约束 [J]. 经济研究，2014 (3)：76－87.

[15] 陈志勇，程明梅. 市政债的运行机制与风险监管研究：一个综述 [J]. 经济体制改革，2014 (5)：124－128.

[16] 陈志勇，王银梅. 我国地方政府性债务信息披露问题研究 [J]. 地方财政研究，2014 (2)：37－41.

[17] 陈志勇，庄佳强. 地方政府信用评级方法比较及在我国的应用 [J]. 财政研究，2014 (7)：25－28.

[18] 程开明. 城市化、技术创新与经济增长——基于创新中介效应的实证研究 [J]. 统计研究，2009 (5)：40－46.

[19] 程燕婷. 我国地方政府债券发行长效机制的构建研究 [J]. 税务与经济，2010 (1)：32－38.

[20]《地方财政或有负债研究》课题组. 地方财政或有负债研究 [J]. 财政研究，2003 (2)：9－13.

[21] 樊纲，王小鲁，马光荣. 中国市场化进程对经济增长的贡献 [J]. 经

济研究，2011（9）：4 – 16.

［22］樊纲，王小鲁，朱恒鹏．中国市场化指数——各地区市场化相对进程 2011 年报告［M］．北京：经济科学出版社，2011.

［23］范剑勇，莫家伟．地方债务、土地市场与地区工业增长［J］．经济研究，2014（1）：41 – 55.

［24］方红生，张军．中国地方政府竞争、预算软约束与扩张偏向的财政行为［J］．经济研究参考，2009（12）：4 – 16.

［25］冯静，石才良．地方政府债务违约的博弈理论分析［J］．中央财经大学学报，2006（3）：6 – 10.

［26］冯芸，吴冲锋．中国官员晋升中的经济因素重要吗？［J］．管理科学学报，2013（11）：55 – 68.

［27］傅勇，张晏．中国式分权与财政支出结构偏向：为增长而竞争的代价［J］．管理世界，2007（3）：4 – 13.

［28］葛鹤军，缑婷．中国地方政府融资平台信用风险研究［J］．经济学动态，2011（1）：77 – 80.

［29］龚锋，卢洪友．公共支出结构、偏好匹配与财政分权［J］．管理世界，2009（1）：10 – 21.

［30］龚强，王俊，贾珅．财政分权视角下的地方政府债务研究：一个综述［J］．经济研究，2011（7）：144 – 156.

［31］龚汝凯．分税制改革与中国城镇房价水平——基于省级面板的经验证据［J］．金融研究，2012（8）：70 – 83.

［32］郭熙保，罗知．贸易自由化、经济增长与减轻贫困——基于中国省际数据的经验研究［J］．管理世界，2008（2）：15 – 24.

［33］洪源，李礼．我国地方政府债务可持续性的一个综合分析框架［J］．财经科学，2006（4）：96 – 103.

[34] 胡奕明，顾祎雯. 地方政府债务与经济增长——基于审计署 2010 - 2013 年地方政府性债务审计结果 [J]. 审计研究，2016（5）：104 - 112.

[35] 蒋军成. 地方政府债务研究：实证分析抑或制度重构 [J]. 云南财经大学学报，2013（5）：26 - 30.

[36] 蒋紫文. 论我国地方政府债券的发行与管理 [J]. 江西社会科学，2010（6）：83 - 85.

[37] 金东日，张蕊. 论问责制的体制困境：以地方政府为中心 [J]. 学习与探索，2014（8）：34 - 39.

[38] 孔艳丽，徐红芬，王桓. 我国流动性过剩的实证分析 [J]. 金融理论与实践，2007（12）：47 - 50.

[39] 李昊，迟国泰，路军伟. 我国地方政府债务风险及其预警：问题及对策 [J]. 经济经纬，2010（2）：126 - 130.

[40] 李建发，林可欣. 地方政府融资平台金融监管与会计规范问题 [J]. 金融会计，2013（8）：4 - 12.

[41] 李力，温来成，唐遥等. 货币政策与宏观审慎政策双支柱调控下的地方政府债务风险治理 [J]. 经济研究，2020（11）：36 - 49.

[42] 李萍. 地方政府债务管理：国际比较与借鉴 [M]. 北京：中国财政经济出版社，2009.

[43] 李涛，徐昕. 企业因素、金融结构与财务约束：基于中国企业规模与产权结构的实证分析 [J]. 金融研究，2005（5）：80 - 92.

[44] 林毅夫，刘志强. 中国的财政分权与经济增长 [J]. 北京大学学报，2000（4）：5 - 17.

[45] 刘国亮. 政府公共投资与经济增长 [J]. 改革，2002（4）：80 - 86.

[46] 刘昊，张月友，刘华伟. 地方政府融资平台的债务特点及其风险分析——以东部 S 省为例 [J]. 财经研究，2013（5）：123 - 133.

[47] 刘金林. 基于经济增长视角的政府债务合理规模研究: 来自 OECD 的证据 [J]. 经济问题, 2013 (12): 25 - 30.

[48] 刘金林, 杨成元. 基于私人投资视角的政府债务挤出效应研究——来自中国的证据 [J]. 投资研究, 2013 (12): 17 - 29.

[49] 刘立峰. 地方政府融资研究 [M]. 北京: 中国计划出版社, 2011.

[50] 刘金全, 于惠春. 我国固定资产投资和经济增长之间影响关系的实证分析 [J]. 统计研究, 2002 (1): 26 - 29.

[51] 刘尚希, 赵全厚. 政府债务: 风险状况的初步分析 [J]. 管理世界, 2002 (5): 22 - 32.

[52] 刘尚希. 公共支出范围: 分析与界定 [J]. 经济研究, 2002 (6): 77 - 85.

[53] 刘伟, 李连发. 地方政府融资平台举债的理论分析 [J]. 金融研究, 2013 (5): 126 - 139.

[54] 刘伟, 李绍荣. 产业结构与经济增长 [J]. 中国工业经济, 2002 (5): 14 - 21.

[55] 刘志彪. 我国地方政府公司化倾向与债务风险: 形成机制与化解策略 [J]. 南京大学学报 (哲学·人文科学·社会科学版), 2013 (5): 24 - 31 + 158.

[56] 刘子怡. 政府效率与地方政府融资平台举债——基于 31 个省级政府财务披露信息的实证分析 [J]. 现代财经 (天津财经大学学报), 2015 (2): 37 - 48.

[57] 卢方元, 靳丹丹. 我国 R&D 投入对经济增长的影响——基于面板数据的实证分析 [J]. 中国工业经济, 2011 (3): 149 - 157.

[58] 路军伟. 中国地方政府投融资平台风险及其防范 [J]. 石家庄经济学院学报, 2010 (3): 96 - 100.

［59］路军伟．制度环境、信息需求与政府财务报告［J］．北京工商大学学报（社会科学版），2014（5）：15－22.

［60］路军伟，李建发．政府会计改革的公共受托责任视角解析［J］．会计研究，2006（12）：14－19.

［61］路军伟，林细细．地方政府融资平台及其风险成因研究——基于财政机会主义的视角［J］．浙江社会科学，2010（8）：31－37.

［62］马金华．地方政府债务：现状、成因与对策［J］．中国行政管理，2011（4）：90－94.

［63］马欣．法国地方政府的债务管理［J］．中国投资，2002（8）：75－76.

［64］梅建明．关于地方政府融资平台运行的若干问题［J］．财政研究，2011（5）：64－66.

［65］梅建明，戴琳，吴昕扬．中国地方政府投融资改革70年：回顾与展望［J］．财政科学，2021（6）：26－37.

［66］梅建明，詹婷．地方政府融资平台债务风险与"阳光融资"制度之构建［J］．中南民族大学学报（人文社会科学版），2011（4）：124－128.

［67］缪小林，伏润民．地方政府债务对县域经济增长的影响及其区域分化［J］．经济与管理研究，2014（4）：35－40.

［68］裴平，黄余送．中国流动性过剩的测度方法与实证［J］．经济学家，2008（5）：111－120.

［69］裴育．构建我国财政风险预警系统的基本思路［J］．经济学动态，2003（9）：26－29.

［70］裴育，欧阳华生．地方债务风险预警程序与指标体系的构建［J］．当代财经，2006（3）：36－39.

［71］裴育，欧阳华生．我国地方政府债务风险预警理论分析［J］．中国软科学，2007（3）：110－114.

［72］钱先航，曹廷求，李维安．晋升激励、官员任期与城市商业银行的贷款行为［J］．经济研究，2011（12）：72-85.

［73］钱颖一．现代经济学与中国经济改革［M］．北京：中国人民大学出版社，2003.

［74］卿固，赵淑惠，曹枥元．基于逐级多次模糊综合评价法构建地方政府债务预警模型——以 D 地方政府为例［J］．农业技术经济，2011（2）：117-126.

［75］冉光和，李敬，管洪．地方政府负债风险的生成机理与预警研究［J］．中国软科学，2006（9）：29-37.

［76］沈坤荣，付文林．中国的财政分权制度与地区经济增长［J］．管理世界，2005（1）：31-40.

［77］沈坤荣，李剑．中国贸易发展与经济增长影响机制的经验研究［J］．经济研究，2003（5）：32-40.

［78］沈坤荣，蒋锐．中国城市化对经济增长影响机制的实证研究［J］．统计研究，2007（6）：9-15.

［79］沈凌，田国强．贫富差别、城市化与经济增长——一个基于需求因素的经济学分析［J］．经济研究，2009（1）：17-29.

［80］盛斌，毛其淋．贸易开放、国内市场一体化与中国省际经济增长：1985~2008 年［J］．世界经济，2011（11）：44-66.

［81］宋立．市政收益债券：解决地方政府债务问题的重要途径［J］．管理世界，2004（2）：27-34.

［82］宋立．地方公共机构债券融资制度的国际比较及启示——以美国市政债券与日本地方债券为例［J］．经济社会体制比较，2005（3）：76-83.

［83］宋丽智．我国固定资产投资与经济增长关系再检验：1980-2010 年［J］．宏观经济研究，2011（11）：17-21.

［84］孙赙，宋艳伟．官员晋升、地方经济增长竞争与信贷资源配置［J］．当代经济科学，2012（1）：46–57.

［85］孙琳，潘春阳．"利维坦假说"、财政分权和地方政府规模膨胀——来自1998~2006年的省级证据［J］．财经论丛，2009（2）：15–22.

［86］汤林闽．中国政府资产负债表：理论框架与现实选择［J］．金融评论，2014a（1）：94–109.

［87］汤林闽．我国地方政府资产负债表：框架构建及规模估算［J］．财政研究，2014b（7）：18–22.

［88］唐云锋．公共选择理论视角下地方债务的成因分析［J］．财经论丛（浙江财经学院学报），2005（1）：40–44.

［89］陶然，陆曦，苏福兵，等．地区竞争格局演变下的中国转轨：财政激励和发展模式反思［J］．经济研究，2009（7）：21–33.

［90］陶然，苏福兵，陆曦，等．经济增长能够带来晋升吗？——对晋升锦标竞赛理论的逻辑挑战与省级实证重估［J］．管理世界，2010（12）：13–26.

［91］陶勇．地方财政学［M］．上海：上海财经大学出版社，2006.

［92］涂盈盈．城投债的发展与风险控制［J］．中国金融，2010（7）：45–47.

［93］万莎．我国地方政府债券发行风险分析——基于经济学维度的思考［J］．金融与经济，2010（2）：41–44.

［94］汪伟．我国城投债的信用风险分析［J］．中国商贸，2013（9）：188–189.

［95］王斌，高波．土地财政、晋升激励与房价棘轮效应的实证分析［J］．南京社会科学，2011（5）：28–34.

［96］王桂花，许成安．新型城镇化背景下地方政府债务风险动态管理研究——理论分析与模型构建［J］．审计与经济研究，2014（4）：71–80.

[97] 王梦莹. 地方政府信用评级的必要性分析与展望 [J]. 东方企业文化, 2013 (18): 266.

[98] 王锐, 张韶华, 黎惠民. 从美日经验看地方政府债券制度 [J]. 经济问题, 2004 (5): 67 – 69.

[99] 王文举, 范合君. 我国市场化改革对经济增长贡献的实证分析 [J]. 中国工业经济, 2007 (9): 48 – 54.

[100] 王晓光. 地方政府债务的风险评价与控制 [J]. 统计与决策, 2005 (18): 35 – 38.

[101] 王晓光, 高淑东. 地方政府债务风险的预警评价与控制 [J]. 当代经济研究, 2005 (4): 53 – 55.

[102] 王晓曦. 我国政府融资平台的制度缺陷和风险机理研究 [J]. 财政研究, 2010 (6): 59 – 61.

[103] 王叙果, 张广婷, 沈红波. 财政分权、晋升激励与预算软约束——地方政府过度负债的一个分析框架 [J]. 财政研究, 2012 (3): 10 – 15.

[104] 王瑶. 公共债务会计问题研究 [D]. 厦门: 厦门大学, 2007.

[105] 王永钦, 戴芸, 包特. 财政分权下的地方政府债券设计: 不同发行方式与最优信息准确度 [J]. 经济研究, 2015 (11): 65 – 78.

[106] 吴群, 李永乐. 财政分权、地方政府竞争与土地财政 [J]. 财贸经济, 2010 (7): 51 – 59.

[107] 谢平, 黄显林. 关于中国地方政府债券发行审核制度演进的博弈分析 [J]. 财政研究, 2012 (5): 25 – 28.

[108] 解维敏, 方红星. 金融发展、融资约束与企业研发投入 [J]. 金融研究, 2011 (5): 171 – 183.

[109] 徐军伟, 毛捷, 管星华. 地方政府隐性债务再认识——基于融资平台公司的精准界定和金融势能的视角 [J]. 管理世界, 2020 (9): 49 – 71.

［110］徐丽梅. 地方政府基础设施债务融资研究［M］. 上海：上海社会科学院出版社，2013.

［111］徐鹏程. 新常态下地方投融资平台转型发展及对策建议［J］. 管理世界，2017（8）：8－13.

［112］徐瑞娥. 国外地方政府债务管理概况［J］. 地方财政研究，2009（4）：76－80.

［113］闫明，顾炜宇. 我国地方政府信用风险评级体系构建：框架与方法［J］. 中央财经大学学报，2014（3）：47－54.

［114］杨珊. 论地方政府信用评级法律制度建设［J］. 西南交通大学学报（社会科学版），2014（5）：121－127.

［115］于长革. 政府公共投资的经济效应分析［J］. 财经研究，2006（2）：30－41.

［116］余应敏. 推行应计制（权责发生制）政府会计是防范财政风险的重要举措：由欧债危机谈起［J］. 财政研究，2014（2）：35－40.

［117］余应敏，王曼虹. 基于财政透明度视角的政府财务报告初探［J］. 中央财经大学学报，2010（1）：1－6.

［118］詹正华，蔡世强. 财政分权和地方政府债务规模的关系研究［J］. 财政监督，2012（14）：69－73.

［119］张碧. 当前我国地方政府债务风险管理研究［D］. 北京：财政部财政科学研究所，2011.

［120］张锋欣，史占中. 我国地方政府债务安全边界探讨及风险测度［J］. 经济数学，2014（1）：8－12.

［121］张海星. 公共投资与经济增长的相关分析——中国数据的计量检验［J］. 财贸经济，2004（11）：43－49.

［122］张洁梅，王钰沛，张玉平. 利益相关者视角的地方政府融资平台风险

管理研究 [J]. 管理评论，2019（3）：61－70.

[123] 张力毅. 美国地方政府债务清理的法制构建及其借鉴——以《美国破产法》第九章地方政府的债务调整程序为中心 [J]. 北京行政学院学报，2014（1）：21－27.

[124] 张霖森，杨洋. 中国流动性过剩原因的实证分析：基于 1993－2007 年的数据分析 [J]. 改革与开放，2009（12）：73－74.

[125] 张路. 地方债务扩张的政府策略——来自融资平台"城投债"发行的证据 [J]. 中国工业经济，2020（2）：64－82.

[126] 张文，夏晶，张念明. 我国地方政府融资平台信用风险评估——基于 Logistic 模型 [J]. 贵州社会科学，2016（10）：151－157.

[127] 张文君. 地方政府债务扩张机理——基于灰色关联度的实证分析 [J]. 河南工程学院学报（社会科学版），2013（1）：5－8.

[128] 张文君. 构建科学的地方政府债务目标管理体系 [J]. 江西行政学院学报，2013（4）：9－11.

[129] 张晓云，贺川. 财政压力与企业杠杆率调整——基于地方政府投融资平台视角 [J]. 经济问题探索，2021（6）：162－172.

[130] 张晏，龚六堂. 分税制改革、财政分权与中国经济增长 [J]. 经济学，2005（1）：75－108.

[131] 张永生，朱爱萍，孙彬. 政府与市场 [A] //高旭东，刘勇. 中国地方政府融资平台研究 [M]. 北京：科学出版社，2013.

[132] 张志华，周娅，尹李峰，等. 国外地方政府债务管理情况综述 [J]. 经济研究参考，2008（22）：2－8.

[133] 张志华，周娅，尹李峰，等. 国外地方政府债务的规模控制与风险预警 [J]. 经济研究参考，2008（22）：8－10.

[134] 张志华，周娅，尹李峰，等. 巴西整治地方政府债务危机的经验教训

及启示［J］. 经济研究参考, 2008（22）: 11 - 14.

［135］张志华, 周娅, 尹李峰, 等. 美国的市政债券管理［J］. 经济研究参考, 2008（22）: 16 - 20.

［136］张志华, 周娅, 尹李峰, 等. 法国的地方政府债务管理［J］. 经济研究参考, 2008（22）: 32 - 33.

［137］赵晔. 现阶段中国地方政府债务风险评价与管理研究［M］. 成都: 西南交通大学出版社, 2011.

［138］赵迎春. 地方政府债务风险防范研究——基于发达地区政府债务的样本分析［J］. 中央财经大学学报, 2006（10）: 6 - 9.

［139］郑若谷, 于春晖, 余典范. 转型期中国经济增长的产业结构和制度效应——基于一个随机前沿模型的研究［J］. 中国工业经济, 2010（2）: 58 - 67.

［140］《中国地方政府融资平台研究》课题组. 中国财税发展研究报告——中国地方政府融资平台研究［M］. 北京: 中国财政经济出版社, 2011.

［141］《中国地方债务管理研究》课题组. 公共财政研究报告——中国地方债务管理研究［M］. 北京: 中国财政经济出版社, 2011.

［142］钟辉勇, 陆铭. 财政转移支付如何影响了地方政府债务?［J］. 金融研究, 2015（9）: 16.

［143］钟源宇. 地方政府融资平台境外发债情况的调查与思考［J］. 宏观经济管理, 2020（7）: 28 - 35.

［144］周黎安. 中国地方官员的晋升锦标赛模式研究［J］. 经济研究, 2007（7）: 36 - 50.

［145］周孝华, 周青. 地方政府投融资平台风险管理——基于重庆市投融资平台的实证研究［M］. 北京: 经济管理出版社, 2012.

［146］周雪光. "逆向软预算约束": 一个政府行为的组织分析［J］. 中国社会科学, 2005（2）: 132 - 143.

［147］周业安，章泉．市场化、财政分权和中国经济增长［J］．中国人民大学学报，2008（1）：34 – 42.

［148］周沅帆．城投债——中国式市政债券［M］．北京：中信出版社，2010.

［149］朱红军，何贤杰，陈信元．金融发展、预算软约束与企业投资［J］．会计研究，2006（10）：64 – 71.

［150］朱文蔚，陈勇．地方政府性债务与区域经济增长［J］．财贸研究，2014（4）：114 – 121.

［151］朱英姿，许丹．官员晋升激励、金融市场化与房价增长［J］．金融研究，2013（1）：65 – 78.

［152］宗正玉．国外地方政府债务管理的基本情况［J］．财政研究，2012（9）：63 – 65.

［153］Alcalá F, Ciccone A. Trade, Extent of the Market, and Economic Growth 1960 – 1996 ［M］. Mimeo：University of Pompeu Fabra, 2003.

［154］Alt J E, Lowry R C. Divided Government, Fiscal Institutions, and Budget Deficits：Evidence from the States ［J］. American Political Science Review, 1994（88）：811 – 828.

［155］Apostolou N G, Giroux G, Welker R B. The Information Content of Municipal Spending Rate Data ［J］. Journal of Accounting Research, 1985（23）：853 – 858.

［156］Arrow K J, Kurz M. Public Investment, the Rate of Return and Optimal Fiscal Policy ［M］. Baltimore：Johns Hopking Press, 1970.

［157］Aschauer D A. Is Public Expenditure Productive?［J］. Journal of Political Economy, 1989（23）：177 – 200.

［158］Baber W R, Gore A K. Consequences of GAAP Disclosure Regulation：

Evidence from Municipal Debt Issues [J]. The Accounting Review, 2008 (3): 565 – 591.

[159] Baber W R, Gore A K, Rich K T, et al. Accounting Restatements, Governance and Municipal Debt Financing [J]. Journal of Accounting and Economics, 2013 (56): 212 – 227.

[160] Barro R J. Are Government Bonds Net Wealth? [J]. Journal of Political Economy, 1974 (6): 1095 – 1117.

[161] Barro R J. Government Spending in A Simple Model of Endogeneous Growth [J]. The Journal of Political Economy, 1990 (5): 103 – 125.

[162] Barro R J. Economic Growth in A Gross – Section of Countries [J]. Quarterly Journal of Economics, 1991 (104): 407 – 444.

[163] Besley T, Case A. Incumbent Behavior: Vote Seeking, Tax Setting and Yardstick [J]. American Economic Review, 1995 (85): 25 – 45.

[164] Blanchard O J. Debt, Deficit and Finite Horizons [J]. Journal of Political Economy, 1985 (93): 223 – 247.

[165] Blanchard O J, Shleifer A. Federalism with and without Political Centralization: China vs. Russia [J]. IMF Staff Papers, 2001 (48): 171 – 179.

[166] Bohn H, Inman R P. Constitutional Limits and Public Deficits: Evidence from the U. S. States [J]. Carnegie – Rochester Conference Series on Public Policy, 1995 (45): 13 – 76.

[167] Bunche B S. The Effect of Constitutional Debt Limits on State Governments' Use of Public Authorities [J]. Public Choice, 1991 (68): 57 – 69.

[168] Jeffrey C, On Barro's theorem of debt neutrality: The irrelevance of net wealth [J]. American Economic Review, 1982 (72): 202 – 213.

[169] Checherita C, Rother P. The Impact of High Government Debt on Econom-

ic Growth and Its Channels: An Empirical Investigation for the Euro Area [J]. European Economic Review, 2012 (7): 1392 – 1405.

[170] Chen Y, Li H, Zhou L. Relative Performance Evaluation and the Turnover of Provincial Leaders in China [J]. Economics Letters, 2005 (88): 421 – 425.

[171] Chen Z, He Z, Liu C. The Financing of Local Government in China: Stimulus Loan Wanes and Shadow Banking Waxes [J]. Journal of Financial Economics, 2020 (1): 42 – 71.

[172] Cochrane J H. Understanding Policy in the Great Recession: Some Unpleasant Fiscal Arithmetic [J]. European Economic Review, 2011 (1): 2 – 30.

[173] Copeland R M, Ingram R W. The Association between Municipal Accounting Information and Bond Rating Changes [J]. Journal of Accounting Research, 1982 (20): 275 – 289.

[174] Dafflon B, Beer – Toth K. Managing Local Public Debt in Transition Countries: An Issue of Self – Control [J]. Financial Accountability and Management, 2009 (25): 277 – 366.

[175] De Long J B, Summers L H. Equipment Investment and Economic Growth [J]. Quarterly Journal of Economics, 1991 (106): 445 – 502.

[176] Mello L. Fiscal Decentralization and Intergovernmental Fiscal Relations: A Cross – Country Analysis [J]. World Development, 2000 (28): 365 – 380.

[177] Denis D J, Denis D K. Performance Changes Following Top Management Dismissals [J]. Journal of Finance, 1995 (4): 1029 – 1057.

[178] Edmonds C T, Leece R D, Vermeer B Y, et al. The Information Value of Qualified and Adverse Audit Reports: Evidence from the Municipal Sector [J]. Auditing A Journal of Practice & Theory, 2019 (1): 21 – 41.

[179] Ellis M A, Schansberg D E. The Determinants of State Government Debt

Financing [J] . Public Finance Review, 1999 (27): 571 –587.

[180] Engen E M, Hubbard R G. Federal Government Debt and Interest Rates [A] // Gertler M, Rogoff K. NBER Macroeconomics Annual 2004 [M] . Massachusetts: MIT Press, 2004.

[181] Etsuro S. Public Capital and Economic Growth: A Convergence Approach [J] . Journal of Economic Growth, 2001 (6): 205 –227.

[182] Fornasari F S, Webb B, Zou H F. The Macroeconomic Impact of Decentralized Spending and Deficits: International Evidence [J] . Annals of Economics and Finance, 2000 (1): 403 –433.

[183] Frankel J, Romer D. Does Trade Cause Growth? [J] . American Economic Review, 1999 (3): 379 –399.

[184] Gao P , Lee C , Murphy D . Financing Dies in Darkness? The Impact of Newspaper Closures on Public Finance [J] . Journal of Financial Economics, 2020 (2): 445 –467.

[185] Gertler M. Government Debt and Social Security in A Life – Cycle Economy [J] . Carnegie Rochester Conference, 1999 (1): 111 –117.

[186] Greiner A . Economic Growth, Public Debt and Welfare: Comparing Three Budgetary Rules [J] . German Economic Review, 2011 (2): 205 –222.

[187] Guo G. China's Local Political Budget Cycles [J] . American Journal of Political Science, 2009 (53): 621 –632.

[188] Hansen B E. Threshold Effects in Non – Dynamic Panels: Estimation, Testing and Inference [J] . Journal of Econometrics, 1999 (2): 345 –386.

[189] Herndon T , Ash M , Pollin R . Errata: "Growth in A Time of Debt" [J] . American Economic Review Papors and Proceedings, 2013 (2): 573 –578.

[190] Holtz – Eakin D. Public – Sector Capital and the Productivity Puzzle [J] .

The Review of Economics and Statistics, 1994 (76): 12 – 21.

[191] Ingram R W. A Descriptive Analysis of Municipal Bond Price Data for Use in Accounting Research [J]. Journal of Accounting Research, 1985 (23): 595 – 618.

[192] Ingram R W, Copeland R M. Municipal Market Measures and Reporting Practices: An Extension [J]. Journal of Accounting Research, 1982 (20): 766 – 772.

[193] Inman R P, Rubinfeld D L. Rethinking Federalism [J]. Journal of Economic Perspective, 1997 (11): 43 – 64.

[194] Jin J, Zou H F. How Does Fiscal Decentralization Affect Aggregate, National, and Subnational Government Size? [J]. Journal of Urban Economics, 2002 (52): 270 – 293.

[195] Kiewiet D R, Szakaly K. The Efficacy of Constitutional Restrictions on Borrowing, Taxing, and Spending: An Analysis of State Bonded Indebtedness, 1961 – 1990 [J]. Journal of Law, Economics, and Organization, 1996 (12): 62 – 97.

[196] Kormendi R C. Government Debt, Government Spending, and Private Sector Behavior [J]. American Economic Review, 1983 (12): 94 – 101.

[197] Lane T D. Market discipline [J]. IMF Staff Paper, 1993 (1): 53 – 88.

[198] Lewis B L, Patton J M, Green S L. The Effects of Information Choice and Information Use on Analysts' Predictions of Municipal Bond Rating Changes [J]. The Accounting Review, 1988 (63): 270 – 282.

[199] Li H, Zhou L. Political Turnover and Economic Performance: The Incentive Role of Personnel Control in China [J]. Journal of Public Economics, 2005 (9 – 10): 1743 – 1762.

[200] Li L. Local Government Implicit Debt Under China's Public Private Part-

nerships: Scope, Formation and Governance [J] . The Journal of Investment Management, 2018 (5): 133.

[201] Ludvigson S C. The Macroeconomic Effects of Government Debt in A Stochastic Growth Model [J] . Journal of Monetary Economics, 1996 (38): 25 –45.

[202] Martell C R, Guess G M. Development of Local Government Debt Financing Markets: Application of A Market – Based Framework [J] . Public Budgeting and Finance, 2006 (1): 88 –119.

[203] Maskin E, Qian Y, Xu C. Incentives, Scale Economies, and Organization Forms [J] . Review of Economic Studies, 2000 (67): 359 –378.

[204] Musgrave R A. The Theory of Public Finance—A Study in Public Economy [M] . New York: McGraw – Hill Press, 1959.

[205] Oates W E. Fiscal Federalism [M] . New York: Harcourt Brace Jovanovich, 1972.

[206] Painter M . An Inconvenient Cost: The Effects of Climate Change on Municipal Bonds [J] . Journal of Financial Economics, 2020 (2): 468 –482.

[207] Pan F , Zhang F , Zhu S , et al. Developing by Borrowing? Inter – Jurisdictional Competition, Land Finance and Local Debt Accumulation in China [J] . Urban Studies, 2017 (4): 897 –916.

[208] Park J , Lee H , Butler J S , et al. The Effects of High – Quality Financial Reporting on Municipal Bond Ratings: Evidence from US Local Governments [J] . Local Government Studies, 2020 (3): 836 –858.

[209] Polackova H. Contingent Government Liabilities: A Hidden Risk for Fiscal Stability [Z] . Working Paper, 1998.

[210] Poterba J M. State Responses to Fiscal Crises: The Effects of Budgetary Institutions and Politics [J] . Journal of Political Economy, 1994 (102): 799 –821.

[211] Poterba J M, Rueben K S. State Fiscal Institutions and the U. S. Municipal Bond Market [A] //Poterba J M. Fiscal Institutions and Fiscal Performance [M] . Chicago: University of Chicago Press, 1999.

[212] Raman K K. Financial Reporting and Municipal Bond Rating Changes [J] . The Accounting Review, 1981 (56): 910 –926.

[213] Raman K K, Wilson E R. Governmental Audit Procurement Practices and Seasoned Bond Prices [J] . The Accounting Review, 1994 (69): 517 –538.

[214] Rodden J. The Dilemma of Fiscal Federalism: Grants and Fiscal Performance around the World [J] . American Journal of Political Science, 2002 (3): 670 –687.

[215] Rueben K S. Tax Limitations and Government Growth: The Effect of State Tax and Expenditure Limits on State and Local Government [Z] . Public Policy Institute of California, 1996.

[216] Singh R, Plekhanov A. How Should Subnational Government Borrowing Be Regulated? Some Cross – Country Empirical Evidence [R] . Working Paper, 2005.

[217] Song S, Chu G, Cao R. Intercity Regional Disparity in China [J] . China Economic Review, 2000 (11): 246 –261.

[218] Ter – Minassian T, Craig J. Control of Subnational Government Borrowing [A] // Ter – Minassian T. Fiscal Federalism in Theory and Practice [M] . Washington: International Monetary Fund, 1997.

[219] Trautman R R. The Impact of State Debt Management on Debt Activity [J] . Public Budgeting and Finance, 1995 (2): 33 –51.

[220] Turnovsky S J, Fisher W H. The Composition of Government Expenditure and Its Consequences for Macroeconomic Performance [J] . Journal of Economic Dynamics and Control, 1995, 19 (4): 747 –786.

[221] Ugo, Panizza, Andrea, et al. Public Debt and Economic Growth: Is There a Causal Effect? [J]. Journal of Macroeconomics, 2014 (41): 21 -41.

[222] Valerie, Cerra, Sweta, et al. Growth Dynamics: The Myth of Economic Recovery [J]. The American Economic Review, 2008 (1): 439 -457.

[223] Von Hagen J. A Note on the Empirical Effectiveness of Formal Fiscal Restraints [J]. Journal of Public Economics, 1991 (44): 199 -221.

[224] Walk Er T, Zhang X, Zhang A, et al. Fact or Fiction: Implicit Government Guarantees in China's Corporate Bond Market [J]. Journal of International Money and Finance, 2021, 116.

[225] Wallace W A. The Association between Municipal Market Measures and Selected Accounting Practices [J]. Journal of Accounting Research, 1981 (2): 502 -521.

[226] Wescott S H. Accounting Numbers and Socioeconomic Variables as Predictors of Municipal General Obligation Bond Ratings [J]. Journal of Accounting Research, 1984 (22): 412 -423.

[227] Wildasin D. Introduction: Fiscal Aspects of Evolving Federations [J]. International Tax and Public Finance, 1996 (3): 121 -135.

[228] Wilson E R, Howard T P. The Association between Municipal Market Measures and Selected Financial Reporting Practices: Additional Evidence [J]. Journal of Accounting Research, 1984 (1): 207 -229.

[229] Woo J, Kumar M S. Public Debt and Growth [J]. Economica, 2015 (328): 9 -13.

[230] Yao S, Zhang Z. On Regional Inequality and Diverging Clubs: A Case Study of Contemporary China [J]. Journal of Comparative Economics, 2001 (9): 466 -484.

［231］ Zhang X , Wang Z . Marketization vs. Market Chase：Insights from Implicit Government Guarantees ［J］ . International Review of Economics & Finance，2020（69）：435 － 455.